오른쪽 뇌로 놀면서 배우는
영어공부법

오른쪽 뇌로 놀면서
배우는 영어공부법

초판인쇄일 | 2015년 3월 10일
초판1쇄 발행일 | 2015년 3월 10일
지은이 | 지종엽
표지디자인 | 나오미
펴낸곳 | 도서출판 영어숲
주소 | 서울 강북구 우이동 37-1(2F)
전화 | 02-925-4019
이메일 | johnji@naver.com
총판 | 하늘유통 / 031-947-7777
ISBN | 979-11-954844-0-9

정가 | 13,000원

이 책의 저작권은 저자에게 있습니다. 서면에 의한 저자의 허락
없이 내용의 일부 혹은 전부를 복제하거나 발췌하는 것을 금합니다.

*잘못 만들어진 책은 바꾸어 드립니다.

오른쪽 뇌로 놀면서 배우는
영어공부법

머리말

영어의 길치인 한국인에게
네비게이션이 되어주는 책

안타깝게도 대부분의 한국인들은 영어의 길치로 태어나기에 열심히 공부해도 영어실력이 잘 늘지 않습니다. 영어 전문가들은 한국인이 다른 나라 사람들에 비해 영어를 잘하지 못하는 이유는 한국어와 영어의 어순이 다르기 때문이라고 합니다. 영어는 주어와 동사가 문장의 맨 앞에 붙어서 나오지만 한국어는 주어는 문장의 맨 앞에 그리고 동사는 문장의 맨 뒤에 위치하기 때문에 영어를 말하거나 들을 때 혼란이 일어난다는 것입니다. 반면에 다른 나라 사람들은 모국어와 영어의 어순이 같기 때문에 단어만 알아도 영어를 쉽게 말하고 알아들을 수 있습니다.

한국인이 영어의 길치가 된 이유가 한국어와 영어의 어순의 차이 때문이라면 역으로 이 문제만 해결하면 한국인도 다른 나라 사람처럼 영어를 쉽게 배울 수 있다는 결론이 나옵니다. 바로 이러한 아이디어에서 만들어진 책이 『오른쪽 뇌로 놀면서 배우는 영어공부법』입니다. 이제껏 한국인의 영어공부법은 왼쪽 뇌를 이용하여 미국인들도 잘 모르는 영문법을 배우고, 어려운 문장을 독해하고, 수많은 단어를 무조건 외우는 방식이었습니다. 그러나 이런 식의 영어 공부법으로는 영어시험을 잘 볼지는 몰라도 실제적인 영어를 잘 하기란 쉽지 않습니다.

오른쪽 뇌 영어공부법은 어린아이가 말을 배울 때 오른쪽 뇌를 사용하는 것과 같은 방식으로 영어를 쉽게 배우는 공부 방식입니다. 이 책에서 제시하는 오른쪽 뇌 영어공부법의 특징은 두 가지로 요약됩니다.

첫째는 3박자 끊어읽기 영어입니다.

영어 문장을 앞뒤로 왔다 갔다 하면서 해석하지 않고 앞에서부터 3박자로 끊어 읽으면 오른쪽 뇌가 쉽게 이해를 합니다. 이렇게 하면 직독직해가 가능해질 뿐 아니라 말하기와 듣기, 쓰기도 쉽게 배울 수 있습니다. 이 책의 1단원과 3단원에서는 3박자 끊어읽기 영어공부법에 대한 이론과 실제를 다루고 있습니다.

둘째는 말의 원리를 통한 영어 이해입니다.

세상에 있는 모든 언어는 단어와 단어가 연결되어 만들어지므로 단어가 서로 연결되어 말을 만드는 원리만 알면 어떤 말이라도 쉽게 배울 수 있습니다. 구문의 원리를 가리켜 구문론(Syntax)이라고 하는데 영어와 우리말은 문법은 달라도 구문의 원리는 같습니다. 이 책의 2단원에서는 구문의 원리에 따라 영어 문장이 만들어지는 방법을 다루고 있습니다.

나는 이 책을 통해 누구나 영어를 쉽게 배울 수 있다고 확신합니다. 특히 기초가 부족하여 영어에 자신감이 없는 분들이나 영어를 쉽고 빠르게 배우기를 원하는 분들에게 이 책은 큰 도움이 될 것입니다.

2015년 2월 15일
제이씨 영어연구소에서
저자 지종엽

C·O·N·T·E·N·T·S

머리말 ·· 4

Story Telling
I. 한국인에게 딱 맞는 영어공부법

01. 오른쪽 뇌로 영어배우기 ·· 10
02. 잠자는 오른쪽 뇌를 깨워라 ·· 16
03. 놀면서 공부하는 영어공부법 ·· 20
04. 통영어 말고 3박자 끊어읽기 영어 ·· 26
05. 더 쉽고 더 단순하게 ·· 35
06. 영어 못한다고 말하지 말라 ·· 42
07. 문법 보다 말의 원리를 알아야 ·· 48
08. 영어식 어순을 트레이닝 하라 ·· 54
09. 엄마표 영어로 우리아이 영어고수 만들기 ·· 61
010. 한국에서 배우는 미국식 영어발음 ·· 78

Principle
II. 영문법 외우지 말고 원리를 이해하라

011. 주어와 동사 ·· 86

012. 주어와 동사 뒤에 오는 말 ·· 94
013. 주어와 동사 사이에 오는 말 ·· 108
014. 과거동사와 완료동사 ·· 125
015. 부정문과 의문문 만들기 ·· 135
016. 명사를 수식하는 말 ·· 146
017. 목적보어가 있는 구문 ·· 153
018. 동사가 2개인 구문 ·· 161
019. 목적어가 2개인 구문 ·· 168
020. 복합동사가 있는 구문 ·· 171
021. (주어+동사+목적어) 뒤에 오는 말 ·· 182
022. (주어+be동사+보어) 뒤에 오는 말 ·· 190
023. 두 개의 문장이 있는 구문 ·· 202

Training
III. 한국말로 배우는 3박자 끊어읽기 영어 [연습문제]

A. be동사구문 연습문제 ·· 212
B. 일반동사구문 연습문제 ·· 221
C. 불규칙동사구문 연습문제 ·· 225
D. 완료동사구문 연습문제 ·· 228

E. 조동사구문 연습문제 ·· 231

F. 수여동사구문 연습문제 ·· 240

G. 명사절구문 연습문제 ·· 242

H. 작위동사/사역동사구문 연습문제 ·· 245

I. 관계대명사구문 연습문제 ·· 248

J. 현재분사/과거분사구문 연습문제 ·· 250

K. 동격구문 연습문제 ·· 251

L. 부정사/동명사구문 연습문제 ·· 252

M. (동사+부사)구문 연습문제 ·· 255

N. 전치사구문 연습문제 ·· 260

O. 접속사구문 연습문제 ·· 263

P. 가주어구문 연습문제 ·· 267

Voca.
<부록> 필수 300형용사/ 500동사

1. 300형용사 ·· 269
2. 500동사 ·· 273

I
한국인에게 딱 맞는 영어공부법

Story Telling

01
오른쪽 뇌를 이용한 영어혁명

한국식 영어공부 무엇이 문제인가

"한국인은 영어공부에 2만 시간을 투자하고도 여전히 제자리…"

2013년 11월 6일자 동아일보 기사는 엄청난 시간을 영어공부에 쏟아 부으면서도 정작 영어로 말 한마디, 편지 한 장 제대로 못 쓰는 한국인의 잘못된 영어공부법을 꼬집고 있다. 초등학교부터 대학까지 10년 이상 들인 돈과 시간에 비하면 한국인의 영어 실력은 정말로 형편없는 것이 사실이다. 심지어는 미국에 이민 가서 십년 넘게 살거나 미국 유학까지 갔다 왔음에도 불구하고 영어에 서투른 사람들이 있는 것을 보면 한국인에게 영어의 벽은 정말로 높아 보인다.

물론 우리나라 사람들이 모든 분야의 영어를 다 못하는 것은 아니다. 문법이나 독해와 같은 시험을 위한 영어에는 나름대로 자신감을 보이기도 한다. 특히 4개 중에서 답을 고르는 4지선다형 객관식 영어시험에서 한국인들은 남다른 능력을 발휘한다. 나 역시 학창시절에 그랬던 것 같다. 반면에 말하기나 듣기, 쓰기와 같은 실생활 영어는 한국인 영어의 취약 지대이다. 대학을 졸업하고서도 외국인을 만나면 입이 얼어붙어 말 한마디 못하고, 영어로 편지 한 장 쓰려면 영어사전을 뒤적거리면서 몇 시간을 끙끙 앓는다. 미국 유학을 위한 영어시험인 토플(TOEFL)의

시험 방식이 독해와 문법 중심에서 말하기와 듣기, 쓰기와 같은 실제적인 영어 중심으로 바뀐 이유가 한국인 수험생을 겨냥했다는 소문이 있을 정도이다. 왜 유독 한국인에게만 이러한 영어 무기력증이 나타나는 것일까? 우리는 이러한 문제를 꼼꼼히 따져 보아야 한다.

스웨덴에 본사를 둔 어학교육기업 Education First가 비영어권 국가 60개국의 성인을 대상으로 6년간 온라인 시험을 실시한 결과 한국인의 영어실력은 60개국 중 24위로 집계되었다. 그들의 분석에 따르면 한국인의 영어공부의 문제점은 "암기와 문법 위주라서 의사소통 능력이 떨어지는데 있다"는 것이다. Education First의 과학적 통계에 따른 지적이 아니더라도 학창시절 암기와 문법 위주의 영어교육으로 인한 피해를 본 사람들은 누구나 이 말의 심각성을 체감할 것이다.

하지만 나는 연구를 통해 한국식 영어교육의 문제점이 우리가 일반적으로 알고 있는 것보다 더 깊은 곳에 그 원인이 있다는 사실을 발견하였다. 그것은 우리나라 사람들이 영어공부를 할 때에 오른쪽 뇌보다 왼쪽 뇌를 지나치게 많이 사용한다는 것이다. 해방 이후 지금까지 한국인들이 해 온 문법과 암기 위주의 영어공부법에서는 우수한 성적을 거두려면 왼쪽 뇌를 많이 사용해야 했는데 그것이 바로 한국인이 영어공부에 많은 시간을 투자하면서도 영어를 잘 못하는 중요한 원인이 된 것이다. 그런 식으로 해서는 말하기, 듣기, 쓰기, 읽기와 같은 실제적인 영어를 잘 하기란 쉽지 않다. 영어공부법을 왼쪽 뇌보다는 오른쪽 뇌를 사용하는 방법으로 바꾸려고 하는 이유는 바로 이 때문이다. 내가 오른쪽 뇌 영어공부법의 필요성을 주장하는 것은 시험에만 강하고 실제적인 언어활동에는 약한 한국 영어를 살리는 방책을 마련하기 위함이다.

왼쪽 뇌 말고 오른쪽 뇌

인간의 두뇌는 좌뇌와 우뇌로 구성되어 있다. 왼쪽 뇌가 암기와 논리적 사고를 담당한다면, 오른쪽 뇌는 창조적 사고와 감각적 기능을 담당한다. 일반적으로 왼쪽 뇌가 발달한 사람은 공부를 잘 하고 오른쪽 뇌가 발달한 사람은 예능이나 운동을 잘 하는 이유는 이 때문이다. 그렇다면 인간의 언어학습을 주관하는 뇌는 왼쪽 뇌와 오른쪽 뇌 중 어느 쪽일까?

언어학습을 주관하는 뇌가 왼쪽 뇌라는 주장이 있지만 사실은 그렇지가 않다. 인간의 언어학습을 주관하는 뇌는 왼쪽 뇌가 아니라 오른쪽 뇌이다. 물론 문법이나 작문과 같은 학습으로서의 언어공부는 왼쪽 뇌가 담당하는 것이 맞다. 그러나 말하기 듣기와 같은 말로서의 언어공부는 오른쪽 뇌가 담당한다. 4~5세의 유아들이 쓰기나 읽기는 할 줄 몰라도 말하기와 듣기를 잘하는 것이나 국내에 취업한 외국인 노동자들이 1~2년만 지나도 한국말을 꽤 잘 하게 되는 것은 오른쪽 뇌의 기능을 사용하여 언어를 배우기 때문이다. 어린아이와 외국인 노동자가 말을 배우는 방식의 공통점은 공부라는 학습활동을 하지 않고 삶 속에서 놀면서 자연스럽게 배운다는 것이다. 인간의 오른쪽 뇌는 공부하는 것보다는 음악이나 체육처럼 놀고 즐기는 것을 좋아하는데 영어공부도 오른쪽 뇌를 이용해서 하면 효과적이다.

한국인이 영어를 잘 하려면 공부하는 방식을 근본적으로 바꾸어야 한다. 영어공부에 대한 개념이 근본적으로 바뀌어야 한다는 것이다. 독해와 문법 중심의 영어에서 벗어나 오른쪽 뇌에 상쾌함을 줄 수 있는 새로운 방식의 영어공부법이 개발되어야 한다. 그러나 아직까지 오른쪽 뇌를 위한 영어공부법의 혁신적 아이디어가 교육현장에 제시되지 못하고 있다. 우리나라의 학교나 학원에서 해 온 영어공부 방식은 20년 전이나 지금이나 크게 달라진 것이 없다. 도리어 입시 과열로 인해 갈수록 독해나 문법 중심의 공부 방식은 난이도가 점점 높아만 가고 있으며, 이로 인해 중학교 2학년이나 3학년만 되어도 영어를 포기하고 영어시간에 잠을 청하는 학생들이 늘어만 간다. 학부모들은 과외공부와 같은 특별한 방법을 통해 영어실력을 늘리려고 하지만 이 또한 시험 중심의 암기식 영어의 단편일 뿐 말하기나 듣기, 쓰기와 같은 실제적인 영어에는 큰 도움이 안 된다.

한국인의 영어고질병을 고치려면 영어공부 방법을 근본적으로 바꾸어야 한다. 왼쪽 뇌를 사용하는 시험 중심의 영어공부법을 내려놓고, 오른쪽 뇌를 통한 말하기와 듣기, 쓰기와 같은 실제적인 영어공부법으로 전환해야 한다. 4~5세 된 어린아이들이 말을 배우는 방식이나 국내 취업 외국인들이 한국말을 배우는 방식처럼 오른쪽 뇌를 이용한 영어공부법을 사용하면 수십 년 동안 계속되어 온 한국인의 영어 고질병을 고칠 수 있을 것이다.

네이티브 잉글리쉬 효과

오른쪽 뇌를 사용하는 영어교육법이 우리에게 낯선 것만은 아니다. 우리나라 공교육에서도 오른쪽 뇌 영어교육법을 시도한 적이 있다. 십여 년 전에 "네이티브 잉글리쉬"라고 해서 외국인 원어민 교사를 데려다가 전국에 있는 중고등학교에서 대대적으로 영어 수업을 한 적이 있었다. 이것은 대한민국 영어교육 사상 획기적인 영어공부 방법이었다.

네이티브 잉글리쉬는 한국 영어의 문제점을 단 번에 해결하고 조기유학을 가지 않아도 원어민처럼 영어를 잘 할 수 있을 것이라는 기대감을 주었다. 그러나 이 방법 역시 몇 년 못 가서 자취를 감추고 대한민국의 영어 공교육은 또 다시 원점으로 돌아가고 말았다. 실패의 원인은 한 명의 원어민 교사가 수십 명의 학생을 상대해야만 하는 한계 때문이었다. 네이티브 잉글리쉬의 효과는 한 명의 원어민 교사가 수십 명의 학생을 상대해서는 절대로 나타날 수 없다.

오늘날 많은 부모들이 어린 자녀와 함께 미국이나 캐나다와 같은 영어권 국가로 조기유학을 가거나 그것도 안 되면 아시아에서 유일하게 미국식 영어를 구사하는 필리핀이라도 가려고 하는 이유는 영어를 모국어로 하는 사람들 속에 섞여 살면서 미국식 영어를 배우는 "네이티브 잉글리쉬" 효과를 얻기 위함이다. 그러나 이러한 조기유학은 효과가 꽤 크지만 치러야 할 대가 또한 만만치 않다. 막대한 경제적 비용은 둘째 치고 어린 자녀들이 부모와 떨어져 혼자서 이국 생활을 할 때 나타나는 불안감이나 기러기 아빠와 같이 가족이 생이별해야 하는 일이 벌어지기 때문이다.

대한민국은 세계에서 조기유학을 가장 많이 보내는 나라 중 하나이다. 다른 나라 사람들은 조기유학을 가지 않고 국내 교육만으로도 영어를 잘 할 수 있는데 왜 한국인들은 조기유학을 해야만 영어를 잘 할 수 있다고 생각하는 것일까? 과연 조기유학을 가지 않고도 국내에서 영어를 잘 할 수 있는 방법은 없는 것일까? 이러한 한국인의 영어 문제를 해결하려면 무엇보다도 외국에 나가야만 영어를 잘 할 수 있다는 고정관념을 버려야 한다. 우리는 주변에서 외국에 한 번 나가보지 않고 순

수 토종 영어만으로도 상당한 영어실력을 소유한 사람들을 종종 찾아 볼 수 있다. 심지어는 1년도 안 되는 짧은 기간에 네이티브 수준의 영어를 구사하는 사람들도 있다.

똑같이 국내에서 영어를 공부했는데 어떤 사람은 십년 이상 공부해도 영어 실력이 늘지 않는 반면에, 어떤 사람은 1~2년 정도의 짧은 기간에 능숙한 영어를 구사할 수 있는 이유는 무엇일까? 물론 개인적인 언어 능력의 차이 때문일 수도 있다. 그러나 중요한 것은 영어공부를 어떤 방식으로 했느냐에 따라 달라질 수 있다는 것이다. 모든 공부에는 공부법이 중요한데 영어도 마찬가지이다. 어느 영어 잡지에서 러시아의 '스파이훈련학교'에서는 특별한 언어훈련 방법을 통해 6개월 만에 훈련생들을 어느 나라 언어든지 능숙하게 구사할 수 있도록 만든다는 내용을 본 적이 있다. 이것은 어느 나라 언어든지 6개월 정도의 적절한 훈련을 받는다면 그 나라 사람들과의 의사소통이 가능할 정도가 될 수 있음을 보여준다. 한국인에게 꼭 맞는 영어공부법이 있다면 우리도 짧은 기간에 영어를 능숙하게 할 수 있는 길이 있다는 것이다. 나는 이러한 것들이 오른쪽 뇌 영어공부법을 통해 될 수 있다고 생각한다. 이제껏 해왔던 왼쪽 뇌 중심의 영어공부법을 과감히 버리고 오른쪽 뇌 중심의 영어 공부법으로 전환한다며, 거기서 대한민국의 영어혁명은 시작될 것이다.

02
잠자는 오른쪽 뇌를 깨워라

칸트 생각

　인간의 왼쪽 뇌가 지성을 다룬다면 오른쪽 뇌는 감성을 다룬다. 지성과 감성은 인간을 다른 동물과 구별되게 하는 중요한 요소이다. 오늘날 인류 문명은 인간의 지성과 감성의 토대 위에 세워졌다고 해도 과언이 아니다. 인간이 소유한 지성과 감성으로 인해 오늘날 인류 문명은 형성되고 발전되어 온 것이다.

　칸트는 인간의 지성과 감성에 대하여 깊이 있게 연구한 철학자로 유명하다. 그의 대표적 저서 「순수이성 비판」에서 칸트는 인간 속에 있는 지성과 감성의 관계를 다음과 같이 언급한다. "우리에게 대상이 주어지는 것은 감성에 의해서이지만 … 대상이 사고되는 것은 지성에 의해서이다." 칸트에 따르면 인간은 어떤 대상을 만났을 때 먼저 감성으로 반응하고 그 다음에 지성으로 그것에 관해 사고한다는 것이다. 그러면서 그는 지성과 감성을 서로 대립적인 관계로 보았다. 인간에게 있어서 지성과 감성은 서로 융합이 안 된다는 것이다.

　칸트의 지성과 감성에 관한 연구는 한국인의 영어공부의 문제점을 해결하기 위한 중요한 열쇠가 된다. 칸트에 의하면 인간이 말을 배울 때 먼저 반응하는 것은 감성이다. 감성을 통한 언어학습이 먼저 이루어져야 하고 그 다음에 지성을 통한 언어학습이 되어져야 한다. 그러나 우리나라의 영어교육법은 감성 보다는 지성을 먼저 사용하는 오류를 범하고 있다. 말을 통한 언어학습 보다 문자를 통한 언어학습이 우선시 되는데 이것은 감성보다 지성을 먼저 사용하는 잘못된 방법이다. 어린아이들이 말을 배우는 방식을 생각해 보면 어린아이들은 말을 감성으로 배우고, 지성으로 배우지 않는다. 아이들이 지성으로 말을 배우는 것은 학교에 가서 문자를 통한 글쓰기를 배울 때부터이다. 어린아이의 감성적 언어교육은 엄마 품에서부터 시작되지만, 지성적 언어교육은 초등학교에 들어가서야 비로소 시작된다고 할 수 있다.

감성을 이용한 영어공부법

감성을 통한 언어습득은 어린아이가 모국어를 배울 때만 나타나는 현상이 아니다. 우리나라에 거주하는 외국인 근로자들이 말을 배울 때도 이런 식의 방법을 사용한다. 그들이 정규교육기관에서 한국어를 배운 적이 없음에도 불구하고 한국에 온지 1~2년만 지나면 한국어를 꽤 유창하게 할 수 있는 것은 지성 보다 먼저 감성으로 말을 배우기 때문이다. 국내 체류 외국인의 한국어 습득 방법은 우리에게 인간의 감성을 담당하는 오른쪽 뇌를 이용한 영어교육법이 얼마나 중요한가를 알게 해 준다. 그러므로 한국인의 고질적 영어 문제의 해결책은 잠자는 오른쪽 뇌를 깨움으로 인해 암기 중심의 왼쪽 뇌 영어교육법에서 감성 중심의 오른쪽 뇌 영어교육법으로 바꾸는 것에 달려있다고 해도 과언이 아니다. 잠자는 오른쪽 뇌를 깨울 수만 있다면 우리는 짧은 시간의 훈련을 통해 영어를 능숙하게 구사하는 놀라운 일을 보게 될 것이다.

노는 뇌를 깨우면 영어가 된다

영어를 감성으로 배운다는 말은 무슨 뜻인가?

나는 미국에 있을 때 미국에 이민 온지 6개월 밖에 안 된 초등학교 아이가 영어를 능숙하게 하는 것을 본 적이 있다. 그 아이는 미국에 오기 전에는 ABC도 제대로 몰랐었다. 6개월 밖에 안 되는 짧은 기간에 어떻게 그렇게 영어를 잘 할 수 있는지에 대한 궁금증을 풀기위해 그 아이의 하루 일과를 지켜보았다. 그 아이의 일상은 하루 종일 미국 친구와 뛰어 노는 것이 전부였다. 미국 아이들과 어울려 놀면서 영어를 말하다 보니 저절로 영어를 잘 할 수 있게 된 것이다. 이것이 바로 오른쪽 뇌를 통한 감성 영어학습법의 원리이다. 영어를 잘 하려면 영어를 가지고 놀아야 한다.

영어에서 공부를 study라고도 하고 work라고도 하는데 이것은 공부를 "일"로 보기 때문이다. 한문에서도 공부(工夫)의 "공" 자는 일을 의미한다. 사대부가 하는 일이 공부라는 것이다. 반면에 운동이나 악기를 연주하는 것을 play라고 한다. 운동이나 악기 연주는 "놀이"(play)로 보기 때문이다. 우리나라에는 예로부터 공부하는 것을 귀한 일로 보고 노는 것은 천한 일로 보는 풍토가 있었다. 그러나 오늘날 신세대의 개념은 완전히 다르다. 예전에는 '딴따라'라고 천시 받던 가수가 지금은 아이들이 가장 선망하는 직업이 되었다. 가수가 되기 위한 오디션 프로그램을 보면 십대의 아이들이 어른들보다도 더 뛰어난 실력을 발휘하는데 이것은 노는 일이기 때문에 가능하다.

영어공부가 놀이가 되려면 공부와 놀이를 분리시키지 말아야 한다. 사람들이 공부를 힘들어하는 이유는 공부와 놀이를 분리시키는 경향 때문이다. 엄마가 자녀에게 "놀지만 말고 공부 좀 해라"고 말하는 것은 공부와 놀이를 별개의 일로 보기 때문이다. 그러나 공부와 놀이는 원래부터 별개로 정해진 것이 아니다. 무언가를 할 때 쉽고 재미있으면 노는 것이고 어렵고 힘들면 공부하는 것이다. 일반인에게 수학은 어려운 공부이지만 수학을 쉽고 재미있게 할 수 있는 사람에게는 수학은 놀이가 될 수 있다. 반면에 체육이나 음악은 놀이이지만 이것에 흥미가 없는 사람에게는 놀이가 아니라 공부가 될 수도 있다.

그런 면에서 한국의 공교육은 유별난 데가 있다. 우리나라 교육은 노는 것도 공부로 만드는 특별한 재주가 있다. 음악도 study하고, 미술도 study하고 체육도 study한다. 이러한 현상은 입시 위주의 교육 때문에 나타난 것이다. 입시 위주의 교육이 노는 것도 공부하는 것으로 바꾸어 놓았다. 그래서 오른쪽 뇌를 발달시키기 위해 필요한 음악이나 미술, 체육까지도 왼쪽 뇌로 공부하는 불상사가 벌어지고 있다. 이런 현상은 영어교육에서도 마찬가지이다. 공부 중심의 우리나라 교육은 오른쪽 뇌로 놀면서 배워야 할 언어인 영어를 왼쪽 뇌로 공부하느라 힘들게 고생하고 있다. 지금 우리에게 필요한 것은 왼쪽 뇌로 힘들게 공부하면서 배우는 영어공부법이 아니라 오른쪽 뇌로 재미있게 놀면서 배우는 영어공부법이다.

03
놀면서 공부하는 영어공부법

놀면서 공부해야 영어가 쉽다

"얘야, 그만 놀고 공부 좀 해라!"

"엄마, 조금 더 놀고 공부할께요."

예전이나 지금이나 아이들이 있는 일반 가정에서 쉽게 들을 수 있는 말이다. 아이들은 한 번 놀면 계속 놀고 싶어 한다. 그러나 공부는 조금만 해도 그만 하려고 한다. 공부보다 노는 것을 좋아하는 것은 아이들뿐 아니라 어른들도 마찬가지이다. 만일 우리가 영어를 놀면서 할 수만 있다면 영어를 못할 사람은 아무도 없을 것이다. 그러므로 "놀면서 하는 영어공부법"이 한국인의 영어고민을 해결할 수 있을 것이다.

사람은 무엇이든지 한 가지를 오래하고, 많이 하면 잘하게 되어있다. 공부를 많이 하는 사람은 공부를 잘 하고, 피아노를 많이 치는 사람은 피아노를 잘 치고, 운동을 많이 하는 사람은 운동을 잘 한다. 이것을 가리켜 '연습'(practice)이라고 하는데 인간은 연습을 통해 자신의 능력을 무한히 향상시킬 수 있다. 영어도 마찬가지이다. 영어를 오래 연습하였는데 잘 하지 못할 사람은 없다. 그럼에도 불구하고 많은 한국인들이 영어를 잘하지 못하는 이유는 영어공부에 재미를 느끼지 못하기에 영어를 조금만 해도 싫증을 느끼기 때문이다. 영어를 놀면서 하는 것이 중요한 이유는 이 때문이다. 놀면서 해야 영어공부를 오래 할 수 있고 또한 오래 공부를 해야 영어를 잘 할 수 있기 때문이다. 놀면서 하는 사람이 오래 할 수 있고 오래 하는 사람이 잘 할 수 있는 원리 – 이것이 바로 '오른쪽 뇌 영어공부법'의 핵심원리이다.

일만 시간의 법칙과 영어공부의 상관관계

말콤 글래드웰은 그의 저서 「아웃라이어」에서 성공한 사람들의 "1만 시간의 법칙"을 제시한다. 세계 최대의 컴퓨터소프트웨어 회사인 마이크로소프트의 창립자 빌게이츠의 성공 원인은 그의 천재성보다는 그 분야에 오랜 기간 집중적인 노력을 했기 때문이라는 것이다. 또한 그는 누구나 한 분야에서 1만 시간의 노력을 할 수 있다면 빌게이츠처럼 그 분야의 최고가 될 수 있으며 인생에서 크게 성공을 할 수 있다는 희망의 메시지를 선포한다. 이 책은 많은 사람들에게 "1만 시간 도전정신"을 불러일으켰다. 그러나 말콤 글래드웰의 이론에는 숨어있는 문제점이 하나 있다. 그것은 과연 말콤 글래드웰의 조언대로 한 분야에 1만 시간의 노력을 쏟아놓을 수 있는 사람이 세상에 몇 명이나 될까 하는 것이다. 1만 시간은 하루에 3시간씩 하면 10년이 걸리고, 하루에 10시간씩 하면 3년이 걸리는 긴 시간이기 때문이다.

이상훈은 그의 저서 「1만 시간의 법칙」에서 말콤 글래드웰의 1만 시간의 이론에 동의하면서 여기에 자신의 의견을 덧붙인다. 1만 시간의 법칙의 성공자가 되려면 단지 성실하게 1만 시간을 노력 한다고 되는 것이 아니라는 것이다. 뚜렷한 목표를 정해놓고 지독하게 몰두하고 끝까지 버티는 사람만이 그 결실을 맺을 수 있다는 주장이다. 이상훈의

"1만 시간 몰입의 법칙"은 말콤 글래드웰의 "1만 시간 법칙"에 한 술 더 뜨는 말이지만 매우 일리가 있어 보인다. 이상훈은 "1만 시간의 몰입"을 위해서는 강한 의지보다 즐기는 것이 중요하다고 말한다. 강한 의지를 가지고는 1만 시간의 법칙에 성공할 수 없지만 자신의 일을 즐기는 사람은 1만 시간의 벽을 무난히 통과하여 인생의 성공자가 될 수 있다는 것이다.

21세기는 자신의 일을 놀면서 즐기는 사람이 인생에서 성공하는 시대이다. "천재는 노력하는 자를 이기지 못하고, 노력하는 자는 즐기는 자를 이기지 못한다"는 공자의 명언은 공자가 살았던 2,500년 전 중국보다 21세기 현대에 더 적합한 말인 것처럼 보인다. 영어공부의 성공여부도 마찬가지이다. 영어를 힘들게 공부하기보다는 즐기면서 할 수 있는 사람이 영어공부의 장벽을 넘을 수 있다. 이것이 바로 오른쪽 뇌 영어공부법이 필요한 이유이다.

일천 시간 몰입으로 영어 장벽 무너뜨리기

영어공부에 2만 시간을 투자하고도 여전히 제자리인 한국인의 영어 고질병을 치료하려면 말콤 글래드웰 보다 이상훈의 묘안이 더 효과적인 것처럼 보인다. 한국인에게는 오랜 시간 영어공부를 하는 것보다 영어를 즐기는 것이 더 필요하다는 말이다. 한국인이 영어를 잘 하려면 영어를 즐기는(enjoy) 것과 영어를 가지고 노는(play) 것이 우선이 되어야 한다.

EBS "공부의 달인"에 출연했던 서지원양은 13살의 나이에 토익만점을 맞은 영어천재이다. 그러나 지원양은 해외연수 한번 가본 적이 없고 영어 학원 한 번 제대로 다닌 적이 없다고 한다. 그저 집에서 인터넷을 보면서 혼자 공부를 한 것이 그가 한 영어 공부의 전부이다. 그런 환경 속에서 어떻게 영어 천재가 될 수 있었을까? 지원양의 영어 성공의 비결은 다음과 같은 그녀의 말 한마디에 담겨있다.

"다른 아이들은 (영어를) 억지로 하지만 나는 하고 싶은 것을 하면서 재미있게 해요"

한 마디로 영어가 재미있어서 영어에 푹 빠져 살다 보니 영어를 잘하게 되었다는 말이다. 지원양의 일상 속의 영어공부법을 들여다보면 너무나 단순하다. 방과 후 인터넷에 나오는 원어민이 하는 영어를 10번이고 20번이고 따라한다. 단순하지만 재미있게 영어를 공부해서 최고의 수준에 오른 지원양의 영어공부법은 영어를 잘 하기 위해 이 방법 저 방법을 써 보다가 지친 사람들의 목마름을 해결해 주는 노하우가 될 수 있다. 단순하지만 영어에 푹 빠져 오래 공부할 수 있는 방법만 있다면 우리도 지원양 만큼 영어를 잘 할 수 있을 것이다.

"1년만 영어에 미쳐보세요."

외국에 한 번도 나간본 적이 없지만 영어를 유창하게 하는 개그맨 김영철이 영어세미나에서 한 도전적인 말이다. 누구나 1년만 영어에 미칠 수 있다면 막힌 영어가 뚫릴 수 있다는 그의 말에 공감이 간다. 하루 3시간씩 1년이면 약 일천 시간이고 6시간씩 1년이면 2천 시간이다. 영어에 미친 사람이 하루에 9시간을 영어에 몰입한다고 하면 일 년에 3천 시간 공부하는 것이 된다. 그렇다면 영어에 미치기만 하면 1만 시간이 아니라 3천 시간만 공부해도 김영철만큼 영어를 잘 할 수 있다는 계산이 나온다. 그러나 나는 오른쪽 뇌를 이용한 영어공부법을 사용한다면

1년에 3천 시간이 아니라 1년에 1천 시간만 영어에 몰입해도 우리를 가로막고 있는 영어의 장벽이 무너질 것이라고 확신한다. 신은 인간에게 6개월 정도만 열심히 연습하면 한 가지 언어를 습득할 수 있는 능력을 주었기 때문이다.

재미있게 공부할 수 있는 영어교재가 필요하다

"하루 1시간 영어 공부하는 것도 힘이 드는데 어떻게 하루 몇 시간씩 영어에 몰입할 수 있을까요?"

충분히 공감이 가는 질문이다. 또한 영어를 잘 해 보려고 애써 본 사람들이라면 당연이 할 수 있는 질문이기도 하다. 이 질문에 대한 답을 찾으려면 우리는 거꾸로 이런 질문을 해야 한다.

"왜 사람들은 인터넷이나 스마트폰에는 쉽게 빠지면서 영어에 빠지는 것은 그렇게 힘이 드는 걸까?"

이 질문에 답은 의외로 쉽다. 영어에는 인터넷이나 스마트폰처럼 사람들을 몰입하게 만드는 매력이 없기 때문이다.

크게 어렵지 않은 질문을 하나 더 해 보자.

"왜 인터넷 게임은 재미가 있고 영어공부는 재미가 없는 것일까?"

그것은 콘텐츠 때문이다. 인터넷 게임의 콘텐츠는 재미가 있고 영어공부의 콘텐츠는 재미가 없기 때문이다.

그렇다면 첫 번째 질문인 "사람들이 영어공부에 몰입하지 못하는 이유"에 대한 답은 이미 나온 것이다. 영어공부에 재미를 붙이려면 재미있는 영어 콘텐츠가 있으면 된다. 영어공부의 교재를 재미있게 만들어서 사람들로 하여금 영어에 재미를 느끼게 해야 한다는 것이다. 그런데 여기서 또 한 가지 의문이 든다. "과연 이것이 가능한 일인가? 재미있는 영어교재란 있기는 한 것일까?" 물론 쉬운 일은 아닐 것이다. 그럼에도 불구하고 우리는 쉽고 재미있는 영어 콘텐츠를 만드는 일에 최선을 다해야 한다. 이것이야 말로 영어 전문가들이 해야 할 일이며, 또한 내게 주어진 미션이다.

쉽고 재미있는 영어교재 역시 인간의 뇌와 관계가 있다. 무언가에 재미를 느끼는 것은 오른쪽 뇌가 하는 일이므로 공부 뇌인 왼쪽 뇌에 초점을 맞추지 말고 노는 뇌인 오른쪽 뇌에 초점을 맞춘 영어교재를 만든다면 사람들은 영어공부에 재미를 느낄 수 있을 것이다. 컴퓨터 게임 개발자들이 인간의 오른쪽 뇌가 재미를 느낄 수 있는 업그레이드된 콘텐츠를 계속해서 내놓는 것처럼 영어공부를 위한 쉽고 재미있는 콘텐츠들도 계속적으로 개발되어야 한다. 이렇게 함으로 한국인들도 영어를 쉽고 빠르게 배울 수 있는 길이 열릴 것이다.

04
통영어 말고 3박자 끊어읽기 영어

통영어도 좋은 방법이지만

한국인이 영어를 쉽고 빠르게 공부할 수 있는 묘책이 과연 있기는 한 것일까? 영어에 한(限)이 맺힌 한국인들은 여러모로 그 방법을 찾다가 때로는 효과적인 방법을 찾기도 하였다.

그 중에 하나가 "통영어"이다.

통영어란 문장을 통째로 외우는 것을 말한다. 한두 문장을 통째로 외우는 것이 아니라 영어책 한권을 통째로 외우거나 영화 시나리오 하나를 통째로 외우는 것을 말한다. 영어성경에 나오는 마태복음이나 로마서와 같은 꽤 많은 분량을 통째로 외우는 사람들도 있다. 영어책을 통으로 외우는 "통영어"는 엄청난 노력이 필요하지만 할 수만 있다면 그 효과 또한 대단하다. 정철어학원 대표인 정철도 이 방법을 적극 추천한다. 본인 스스로 영화 시나리오를 통째로 외워 영어실력 향상에 큰 효과를 보았다고 말한다. 그래서 그가 운영하는 학원에서 영화 시나리오를 통째로 외우는 과정을 시행하기도 하였다.

나 역시 통 영어에 도전해 본 적이 있다. 오래 전 내 나이 30대 중반 때에 갑작스런 미국 유학을 앞두고 영어 고민에 빠져있을 때 영어를 아주 잘 하는 어느 목사님이 내게 중학교 2학년 영어교과서를 통으로 암기 할 것을 권유하였다.

"아마도 한국인에게 가장 효과적인 영어공부법일 겁니다."

이 말에 끌려서 나는 중학교 2학년 영어교과서 한 권을 사다가 통으로 외우기 시작하였다. 그런데 일주일 쯤 지나면서 문제가 발생하였다. 처음 몇 과는 통 암기가 되었지만 점차 외우는 내용이 많아지면서 부작용이 생긴 것이다. 머리가 아파오기 시작하였고 심지어 구토 증세까지도 나타났다. 많은 양의 영어 문장이 머릿속에 축적되면서 나의 왼쪽 뇌에 과부하가 걸리고 빨간불이 들어온 것이다. 이런 일이 벌어진 것은 내가 원래 선천적으로 왼쪽 뇌의 기능이 약하기 때문일 수도 있고 또는 의지가 약하기 때문일 수도 있다. 어쨌든 결과는 통영어를 중도 포기했다는 것이다. 나는 미국 유학을 간 후 영어 때문에 많은 고생을 할 때 통영어 암기를 포기했던 것을 두고두고 후회한 적이 있다.

통영어의 한 가지 약점

영어책 한권을 통째로 외우는 통영어의 약점은 내가 경험했던 것처럼 외우는 내용이 많아지면 왼쪽 뇌에 심한 스트레스를 준다는 것이다. 바로 이 점이 사람들이 통영어에 쉽게 도전하지 못하는 이유이다. 특히 나처럼 왼쪽 뇌의 발달이 부족하거나 의지가 약한 사람이 통영어로 영어를 정복한다는 것은 결코 쉬운 일이 아니다. 한 번 생각해 보라. 단편소설이나 상영시간이 2시간 정도 되는 영화 시나리오 전체를 우리말로 통 암기 하는 것도 쉬운 일이 아닐진대 하물며 이것을 영어로 통 암기하는 것이 얼마나 힘든 일이겠는가?

그렇다면 통영어처럼 한국인에게 효과가 있으면서 일반인들이 쉽게 공유할 수 있는 영어공부법은 없는 것일까? 어쩌면 영어 때문에 고생한 수많은 한국인들이 마법의 묘약과도 같은 이러한 영어공부법을 찾고 있는지 모른다. 나 역시 한국인에 맞는 영어공부법을 찾기 위해 많은 노력을 하였고 또한 다각도의 연구와 실험을 하였다. 그러다가 내가 발견한 방법이 바로 〈끊어읽기〉영어공부법이다.

〈끊어읽기〉영어공부법은 영어공부를 할 때 왼쪽 뇌 보다 오른쪽 뇌를 사용하는 것이 핵심이다. 통영어 공부법이 극소수의 사람 외에는 성공할 수 없는 이유가 왼쪽 뇌를 이용하기 때문이라면, 〈끊어읽기〉영어공부법은 오른쪽 뇌를 사용하기 때문이 많은 사람들이 성공할 가능성이 크다. 통영어 공부법으로 장시간 암기를 하면 머리가 아파오고 영어공부에 대한 부담감이 생기며 심지어는 영어 공부 자체를 거부하는 영어 트라우마가 생겨날 수도 있지만, 〈끊어읽기〉영어공부법은 오른쪽 뇌를 사용하기 때문에 오랜 시간 영어 공부를 해도 머리가 아프지 않다. 지금부터 오른쪽 뇌로 배우는 〈끊어읽기〉영어공부법에 대해 구체적으로 살펴보도록 하자.

외우는 것보다 읽는 것이 빠르다는 사실

대학시절 영어로 7권의 장편소설을 저술하여 유명해진 영어번역가이자 소설가인 안정효는 영어책을 통으로 암기하기 보다는 통으로 읽는 것이 영어공부에 더 효과적이라고 주장한다. 또한 영어책을 읽을 때는 소리 내서 읽을 것과 가능하면 사전을 찾지 말고 읽을 것을 권한다. 안정효의 영어공부법의 핵심은 암기하지 말고 "읽으라" 는 것이며, 가능하면 많이 읽고, 소리 내서 읽으라는 것이다. 우리나라 사람들에게는 다소 생소한 영어공부법이지만 나는 안정효 영어공부법이 오른쪽 뇌 영어공부법과 상통하는 바가 있음을 발견하였다.

지금까지 한국인의 영어공부법에서는 암기가 큰 비중을 차지하였다. 단어와 숙어와 문장을 외고 심지어는 영문법까지 달달 외우는 방식이다. 물론 영어공부에서 암기가 전혀 필요 없는 것은 아니다. 단어나 숙어처럼 외워야 하는 것들이 있는 것은 사실이지만 영어공부에서의 암기는 긍정적인 요소보다는 부정적인 요소가 더 많다. 영어문장을 통으로 암기하는 것보다 쉬운 영어책을 많이 읽고, 반복해서 읽는 것이 영어공부에 더 효과적인 이유는 이 때문이다.

영어문장을 외울 때는 왼쪽 뇌가 사용되지만, 영어책을 읽을 때는 오른쪽 뇌가 동작한다. 말을 배우기 시작하는 어린자녀에게 엄마가 동화책을 읽어주는 것이 아이의 언어능력에 큰 향상을 가져오는데 이 때 사용되는 뇌는 오른쪽 뇌이다. 어린아이에게 동화책을 암기하도록 강요하는 엄마는 세상 어디에도 없다. 하지만 아이들이 재미있는 동화책을 몇 번이고 반복해서 읽다가 자연스럽게 외우는 것을 종종 볼 수 있다. 재미있는 영화나 드라마를 볼 때 오른쪽 뇌가 동작 하는 것도 같은 원리이다. 한국말을 잘 하는 외국인 중에는 좋아하는 한국 드라마를 매일 본다는 사람들이 많이 있다. 문장을 암기하는 대신에 영어로 된 영화나 드라마를 많이 보고, 영어로 된 쉬운 책을 많이 읽는 방식이 언어 습득에 훨씬 효과적인 것이다.

앞서도 말했지만 외우는 것은 왼쪽 뇌를 사용하는 아주 힘든 공부 방법이다. 짧은 시간에 많은 것을 암기하려는 한국식 영어공부법을 내려놓고 하루에 한 두 시간이라도 읽기 쉬운 영어책을 소리 내서 읽고, 재미있는 미국 드라마나 영화를 보고 즐기는 일을 꾸준히 하다 보면 나도 모르게 영어실력이 향상 될 것이다. 영어를 공부(work)로 하지 말고 놀이(play)로 할 때 장시간 공부할 수 있고, 장시간 공부해야 영어실력이 늘 수 있는 것이다. 엄마가 자녀에게 영어로 된 짧은 동화책을 하루에 한권씩만 읽어준다면 그리고 동화책에 나온 내용을 가지고 아이들과 영어로 이야기하면서 놀아준다면 일 년쯤 지나면 아이의 영어실력은 물론 엄마의 영어실력까지도 눈에 띄게 향상될 것이다.

3박자로 리듬을 타면서 읽어라

영어는 우리말과 달리 리듬을 중요시 여기는 언어이다. 반면에 한국어는 리듬이나 악센트가 없는 밋밋한 언어이다. 외국인이 한국말을 할 때 악센트가 너무 강해 무슨 말인지 알아듣기 어려울 때가 종종 있는데 이것은 영어와 같은 서양 언어의 강한 악센트가 그들이 말하는 한국어에 묻어나오기 때문이다. 반대로 외국인들은 한국말을 배울 때 우리말에 리듬과 악센트가 없어서 배우기가 어렵다고 하소연 한다. 영어와 우리말의 가장 큰 차이점 중 하나가 발음에 들어있는 악센트와 리듬이라는 점을 인식한다면 영어를 더 효과적으로 배울 수 있을 것이다.

영어는 리듬과 악센트가 분명한 언어이기 때문에 영어를 읽을 때 리듬과 악센트를 넣어서 읽어야 원어민과의 의사소통이 더 잘 된다. 영어를 읽을 때 리듬과 악센트를 넣으면 2가지 효과가 나타난다. 첫째는 원어민처럼 리듬과 악센트가 있는 영어발음을 할 수 있으며, 둘째는 영어 듣기를 할 때 더 쉽게 알아들을 수 있다. 영어 전문가들이 영어는 눈으로 하지 말고 입으로 소리 내어 하라고 충고하는 것은 이 때문이다. 소리 내서 읽되 리듬과 악센트를 분명히 하면서 읽는 것이 3박자 끊어읽기 영어의 중요한 팁이다.

　영어문장의 리듬을 살펴보면 우리나라 시조와 비슷한 3박자 리듬이 들어있다. 그러므로 영어를 끊어 읽을 때에는 이러한 3박자 리듬을 충분히 이용해야 한다. 민요인 아리랑에 나오는 3박자의 리듬과 영어에 들어있는 3박자의 리듬을 비교해 보면.

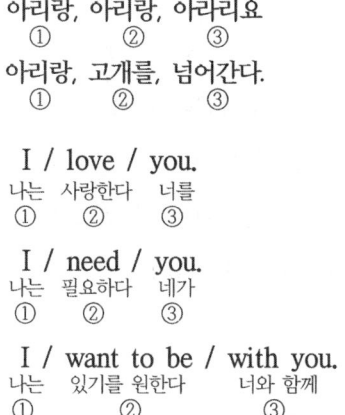

　영어를 읽을 때에 3박자의 리듬을 살리면서 읽으면 쉽고 재미있게 배울 수 있다. 3박자의 리듬을 따라 영어를 읽을 때 오른쪽 뇌가 활발히 움직이면서 영어를 더 쉽게 받아들인다.

3박자 끊어 읽기에도 원리가 있다
　영어 문장을 읽을 때는 몇 가지 원리에 따라 끊어 읽기를 해야 한다.
　첫째, 영어문장의 기본구조는 (주어+동사+목적어)의 3박자이므로 (주어+동사+목적어)의 3박자 다음에 끊어주어야 한다.

    I had breakfast / this morning.
    나는 가졌다 아침식사를   오늘 아침에
    ① ②   ③

    I go to school / everyday.
    나는 간다 학교에   매일
    ① ②   ③

둘째, 주어가 두 단어 이상으로 길어지거나, 동사 앞에 두 개 이상의 단어가 올 때는 한번 끊고 동사로 넘어가야 한다. 이렇게 하는 이유는 영어 문장에서 가장 중요한 것은 동사이기 때문에 끊어 읽기를 통해 동사를 부각시키기 위함이다. 이런 식으로 동사 앞에서 끊어 읽으면 읽기에서도 동사가 부각되어 문장의 이해가 분명해질 뿐 아니라, 스피킹에서는 말의 전달이 분명해 지고, 리스닝에서도 영어의 의미가 분명하게 들리는 일석삼조의 효과가 나타난다.

    My old friend / visited / me.
    나의 옛 친구가   방문했다 나를
    ①   ② ③

    I always / go / to school.
    나는 항상 간다 학교에
    ① ② ③

셋째, 조동사가 있는 문장은 주어와 조동사를 하나의 묶음으로 끊어야 한다.

    I can / go / to school.
    ① ② ③

You should / be / satisfied.
　　①　　　②　　　③

넷째, 부정문이나 의문문에서는 부정이나 의문을 나타내는 조동사와 주어를 한 묶음으로 끊어야 한다.

I can not / go / to school.
나는 할 수 없다　가는 것을　학교에
　　①　　　　②　　　③

You should not / be / angry.
당신은 해서는 안된다　있는 것을　화난(상태로)
　　①　　　　　②　　　③

Can you / go / to school?
할 수 있느냐 당신은　가는 것을　학교에
　　①　　　　②　　　③

Should you / be / angry?
해야 합니까 당신은　있는 것을　화난(상태로)
　　①　　　　②　　　③

다섯째, 전치사가 있는 문장은 전치사 앞에서 끊어주어야 한다.

I had breakfast / in the restaurant / with my mom.
나는 가졌다 아침식사를　　식당에서　　　엄마와 함께
　　①　　　　　　②　　　　　③

여섯째, 명사절 접속사가 있는 문장은 명사절 접속사 다음에서 끊어주어야 한다.

I am happy that / you are / with me.
나는　행복하다 (그것이)　네가 있는 것　나와 함께
　　　①　　　　　　②　　　　③

일곱째, 관계대명사로 연결되는 구절은 관계대명사 앞에서 끊어 주어야 한다.

The man / who visited me yesterday / is my friend.
그 사람은　　　　어제 나를 방문했던　　　　내 친구이다
　①　　　　　　　　②　　　　　　　　　　③

The man / who you met yesterday / is my brother.
그 사람은　　　　당신이 어제 만났던　　　　내 형제이다
　①　　　　　　　　②　　　　　　　　　③

일곱째, 콤마(,) 다음에는 끊어 주어야 한다.

콤마(,)는 쉼표이다. 쉼표를 붙이는 이유는 앞말과 뒷말 사이를 분명히 구별하기 위함이다. 그러므로 문장 중에서 콤마(,)가 나오면 살짝 끊어주어야 한다.

Hi, / what's up, / mom?
하이　　잘 지내요　　　엄마

이런 식의 3박자 끊어읽기를 통해 우리는 영어를 더 쉽고, 정확하고, 재미있게 습득할 수 있을 것이다.

05
영어, 더 쉽고 더 단순하게

엔터테인먼트 법칙에서 배운다

    K-pop이 세계 위에 우뚝 설 수 있었던 성공의 비결은 철저하게 엔터테인먼트의 법칙을 따랐기 때문이다. 엔터테인먼트의 법칙은 "따라 하기 쉽고 재밌어야 한다"는 것이다. 따라 하기 쉽고 재미가 있으면 중독성이 있고, 중독성이 있으면 사람들은 열광하고 몰입하게 된다. 따라하기 쉽고 재미가 있기 위한 가장 중요한 요소는 단순함이다. K-pop의 춤과 음악에 있는 동작과 리듬에는 단순함의 비밀이 숨어있다. 아주 단순하지만 중독성이 있는 춤과 리듬이 피부색과 문화와 종교를 초월하여 전 세계 사람들을 몰입하게 만든 것이다.

    그렇다면 단순함의 원리가 사람들을 중독에 빠지게 하는 이유는 무엇일까? 그것은 오른쪽 뇌와 관련이 있다. 사람의 오른쪽 뇌는 단순한 것을 좋아하고 상대적으로 복잡하고 어려운 것은 싫어한다. 최첨단 문명을 사는 현대인의 뇌에는 이런 현상이 분명하게 나타난다. 그러므로 복잡한 것을 싫어하는 현대인들에게 어필하려면 단순한 것을 좋아하는 오른쪽 뇌를 유혹해야만 한다. 애플의 스티브 잡스는 이러한 단순성의 원리를 가지고 성공한 대표적인 인물이다. 그가 만든 컴퓨터 기기의 디자인은 매우 심플하며, 신제품이 나올 때마다 직접 하는 프레젠테이션 역시 단순함에 초점을 맞춘다. 이러한 애플의 트레이드 마크인 '단순함'이 복잡한 것을 싫어하는 현대인의 관심을 끌게 된 것은 너무나 당연한 일이다. 단순성의 원리를 이용하여 세상을 바꾼 또 한 명의 스타가 우리나라에도 있다. 싸이의 강남스타일은 2014년 6월 기준으로 뮤직비디오 유튜브 조회수 20억 뷰를 넘어섰는데 세계적으로 유례가 없는 일이다. 강남스타일의 성공 비법은 말 타는 듯한 단순한 춤 동작과 따라 하기 쉬운 단순한 리듬의 노래에 있다. 전 세계 사람들이 애플의 디자인과 싸이의 음악에 열광하는 이유는 그것들이 가지고 있는 단순함의 미학이 사람들의 오른쪽 뇌를 터치하여 그들로 하여금 편안함과 즐거움을 주기 때문이다. 지성 보다는 감성을 중시하는 21세기의 문명인들에게는 단순함의 원리로 접근하는 것이 성공의 비결이다.

이런 점에서 엔터테인먼트와 영어공부의 성공 원리에는 공통분모가 있다. 영어공부가 재미있는 엔터테인먼트가 되려면 무엇보다도 복잡함을 단순함으로 바꾸어야 한다. 대한민국의 영어교육의 실패는 문법이나 독해 위주의 복잡하고 어려운 공부 방식 때문이다. 영어책을 펴기만 해도 골치가 아픈 이유는 영어책의 콘텐츠가 왼쪽 뇌를 자극하도록 구성되었기 때문이다. 인터넷에서 어느 영어강사가 영어문법을 마치 복잡한 수학공식처럼 만들어서 설명하는 것을 본 적이 있다. 그 영어강사에게는 미안한 말이지만 이런 식의 영어공부법은 하루 빨리 사라져야 한다는 것이 내 생각이다. 영어를 수학처럼 복잡하고 어렵게 공부해서는 안 된다. 도리어 음악이나 체육처럼 쉽게 놀면서 배워야 한다. 현대를 사는 한국인의 영어실력을 향상시키려면 최대한도로 단순한 영어공부법이 필요하다. 또한 왼쪽 뇌가 아니라 오른쪽 뇌를 즐겁게 해서 사람들로 하여금 영어에 재미를 붙이고 몰입하게 만드는 영어공부법이 개발되어야 한다. 그런 점에서 스티브 잡스나 싸이의 성공스토리가 대한민국 영어공부의 길라잡이가 될 수도 있다.

단무지 영어란

단무지란 "단순 무식"의 준말이다. 단순하면서도 무식한 영어공부법이 가장 좋은 영어공부법이다. 이제껏 우리가 많은 시간을 영어공부에 투자하면서도 영어를 잘 하지 못했던 이유는 영어를 너무 학문적으로 어렵게 배웠기 때문이다. 내가 중고등학교를 다닐 때는 「oo종합영어」라는 500페이지가 넘는 두꺼운 영어 문법책을 독파해야 일류대학에 들어갈 수 있던 시절이 있었다. 「oo종합영어」는 일본의 대학입시용 영어학습서를 본 따 만든 70~80년대에 유명했던 영어참고서이다. 그 안에는 미국의 대학생들도 잘 모르는 높은 수준의 영문법들이 가득 들어 있었다. 그러다 보니 정말로 머리가 좋고 끈기가 있는 사람이 아니고서는 이 책을 한 번 떼는 것조차 힘들었다. 설령 엄청난 노력을 해서 이 책을 한번 뗀다고 해도 말하기, 듣기, 쓰기와 같은 생활영어를 잘하는 것과는 거리가 멀었다. 한국인의 고질적인 영어문제는 이때부터 시작되었다고 해도 과언이 아니다.

우리나라 영어교육이 살아나려면 어려운 영어를 쉽게 가르치려는 노력보다는 쉬운 영어를 재미있게 가르치려는 노력이 필요하다. 언어로서의 영어는 원래 쉬운 것이기 때문이다. 오른쪽 뇌 중심의 영어공부법이 필요한 이유는 쉬운 영어를 재미있게 배우기 위함이다. 그러기 위해서는 지성보다는 감성을 다루는 오른쪽 뇌를 활성화시키는 영어공부법이 있어야 한다. 복잡한 것보다는 단순한 것을 좋아하고, 지성적인 것보다는 감성적인 것을 좋아하고, 무조건 재미가 있어야 호응을 받는 지금 세대에 필요한 영어공부법은 오른쪽 뇌를 활용한 단무지 영어교육법 뿐이다. 영어 문법도 단순해야 하고, 영어독해와 말하기, 쓰기, 듣기 방법도 단순해야 한다. 단순한 영어공부법을 통해 말하기, 읽기, 쓰기, 듣기를 통합적으로 배울 수 있다. 영어공부법에 대한 나의 신조는 영어는 최대한 쉽고 단순하게 가르쳐야 한다는 것이다. 내가 만든 〈끊어읽기〉 영어공부법은 아주 단순한 방법이지만 어려운 영어에 억눌린 대한민국 사람들의 왼쪽 뇌를 쉬게 하고 오른쪽 뇌만으로 영어를 쉽고 재미있게 배우면서 영어를 통달할 수 있게 하는 신비한 묘약이 될 수 있다.

유치원에서 배우는 단무지 영어

코흘리개 어린아이들이 유치원에 가는 걸 좋아하는 이유는 단순하고 무식한 교육방식 때문이다. 유치원의 모든 교육 프로그램은 단순하고 무식한 것뿐인데 그러한 단순함과 무식함이 의외로 아이들에게 재미를 불러일으킨다. 뿐만 아니라 유치원의 단순무식한 교육방법은 아이들의 우뇌발달을 돕고 아이들의 인격형성에도 지대한 영향을 미친다. 로버트 풀검은 그의 베스트셀러「내가 알아야 할 모든 것은 유치원에서 배웠다」에서 유치원 교육이 한 인간의 인격형성에 얼마나 지대한 영향을 미치는지를 보여준다. 그의 책은 단순 무식한 유치원 교육이 오른쪽 뇌 발달에 얼마나 중요한 영향을 미치는지와 아이들의 인격형성에 얼마나 큰 영향을 주는지를 알게 해준다.

유치원은 놀면서 배우는 곳이다. 놀이가 공부이고 공부가 놀이인 어린이들만의 장소이다. 모든 놀이가 오른쪽 뇌를 통해 무의식에 잠재되고 그것이 그 아이의 인격을 형성한다. 이것이 바로 유치원에서 단무지 교육 방법을 택하는 이유이다. 유치원의 단무지 교육의 실례 중 하나가 "배꼽인사" 이다. 선생님이 "배꼽인사~"라고 하면 아이들은 쌩긋 웃으면서 두 손을 배꼽에 대고 인사를 하는데 이것은 인사를 놀이로 승화시킨 우리나라 유치원에만 있는 인사법이다. 아이들은 배꼽 인사를 할 때마다 오른쪽 뇌가 활성화 되고 인성이 자라난다.

오른쪽 뇌 영어공부법이 유치원에서 배워야 할 것은 바로 이런 부분이다. 영어를 단순한 놀이로 만들어야 한다. 영어를 공부로 하지 말고 유치원에서처럼 쉽고 단순한 놀이로 하게 되면 오른쪽 뇌가 반응하고 그로인해 잠자고 있는 언어적 감각이 살아난다. 단순하고 무식한 단무지 방법이 죽은 대한민국 영어를 살릴 수 있는 것이다.

영어를 쉽게 배우려면 가능한 한 단순하고 무식하게 배워야 한다. 영어는 학문이 아니기에 학문적으로 영어를 배우면 실패할 가능성이 아주 높다. 우리나라의 영어 선생님들에게는 미안한 말이지만 나는 대한민국 영어교육이 실패한 이유 중의 하나는 대학에서 영문학과를 졸업한 선생님들이 학문적으로 영어를 가르쳤기 때문이라고 본다. 대학 영문학과에서 영어를 학문으로 배운 사람들이 중고등학교 교실에서도 영어를 학문으로 가르치기 때문에 10년 배워도 말도 못하고 듣지도 못하는 기형적인 벙어리 영어가 생겨난 것이다.

단무지 영어에서 복잡한 영어문법 보다는 영어라는 말의 원리를 중시하는 이유는 이 때문이다.. 어린아이가 말을 배우는 과정이나 국내 체류 외국인이 한국말을 배우는 과정을 보면 그들은 어떠한 문법적 설명이 없이 그냥 말을 배우는데도 불구하고 학습 속도가 무척 빠른 것을 볼 수 있다. 그러나 일반 학교의 영어시간을 보면 영어라는 말을 배우는 시간보다 영어에 대한 이론적 설명을 듣는 시간이 더 많다. 그러다보니 오랜 기간 영어공부를 하면서도 정작 영어는 잘 하지 못하는 비극적인 상황이 발생한 것이다. 현대인의 뇌는 단순한 것을 좋아하기 때문에 문법이나 어려운 독해 위주의 왼쪽 뇌를 자극하는 영어공부법은 갈수록 현대인에게 외면당할 수밖에 없는 것이 현실이다. 우리는 어떤 문제에 대한 복잡할 정도의 세세한 설명이 도리어 학습에 독이 될 수도 있다는 사실을 알아야 한다. 10시간의 운전교육 중에서 8시간 이론을 하고 2시간 운전실습을 하는 것보다 2시간 이론을 하고 8시간 운전실습을 하는 것이 효과적인 것처럼 말이다. 유치원식 단무지 영어교육이 꽉 막힌 한국영어를 뚫는 묘책이 될 수 있을 것이다.

현대인의 뇌는 단무지를 좋아한다

예전에는 휴대전화를 새로 바꾸면 꽤 두꺼운 매뉴얼이 따라왔지만 요즘 스마트폰은 새로 구입해도 매뉴얼을 주지 않는다. 사람들이 매뉴얼을 보고 휴대전화의 기능을 익히기 보다는 그냥 무식하게 이것저것 눌러보면서 사용방법을 배우기 때문이다. 스마트폰 회사들은 현대인이 지성보다 감성을 좋아한다는 사실을 뒤늦게나마 파악한 것이다. 나 역시 작은 책자에 깨알처럼 쓰여 있는 매뉴얼을 읽고 스마트폰의 기능을 이해하려다가 골치가 아파서 매뉴얼을 집어 던져버린 적이 한 두 번이 아니다. 도리어 이것저것 눌러보면서 스마트폰의 기능을 배우는 것이 훨씬 쉽다는 것을 경험적으로 알게 되었다. 사실, 모든 분야에 있어서 오른쪽 뇌를 이용한 학습법이 왼쪽 뇌를 이용한 학습법 보다 더 쉽고, 빠르고, 효과적이다. 영어공부법도 마찬가지이다. 문법적으로 하나하나 따지면서 배우는 것보다 단순하고 무식한 방법으로 배우는 것이 영어라는 언어를 배우는데 더 쉽고, 빠르고, 효과적이라는 사실을 알아야 한다.

우리 딸아이가 5살이 되었을 때 피아노에 관심을 보이자 아내는 동네에 있는 피아노 학원에 보냈다. 노란 피아노 가방을 메고 활짝 웃으면서 피아노 학원을 가는 5살짜리 딸아이의 모습이 지금도 생생하다. 그런데 일주일도 안 되어 딸아이가 울면서 피아노 학원을 안 가겠다고 야단이다. 이유인즉 학원선생님이 5살짜리 아이에게 오선지에 콩나물을 가르치고 숙제까지 내주었던 것이다. 선생님은 피아노를 치려면 악보를 보는 것이 기본이니까 그렇게 했을 것이다. 그러나 5살짜리에게 오선지에 콩나물은 무리이다. 그냥 아이들에게 맞는 쉽고 재미있는 피아노곡을 가지고 연습을 시켰다면 좋았다는 생각이 들었다. 5살짜리 아이는 오른쪽 뇌로 피아노를 치고 싶었는데 선생님은 왼쪽 뇌로 피아노를 치는 법을 가르쳤던 것이다. 그 피아노 선생님은 어린아이들에게는 단순 무지가 최선의 교육 방법임을 몰랐던 것이다.

지금까지의 우리나라의 영어교육은 우리 딸아이를 가르쳤던 피아노 선생님과 같은 오류를 범하고 있는 것 같다. 물론 영어를 가르치는 사람들마다 나름대로의 교육방식이 있겠지만, 나는 왼쪽 뇌를 사용하는 영어공부법을 내려놓고 오른쪽 뇌를 사용하는 단무지 영어공부법을 붙드는 것이 우리나라의 영어교육에서는 꼭 필요하다고 본다.

06
영어 못한다고 말하지 말라

영어를 잘 한다는 기준은 무엇인가

오른쪽 뇌로 영어를 배우려면 "나는 영어를 못합니다"라는 말을 하지 말아야 한다. 영어를 못한다고 하는 말 때문에 진짜로 영어를 못하는 사태가 벌어질 수 있기 때문이다. 내가 미국에 처음 유학을 갔을 때의 일이다. 한 미국 친구를 만났는데 내가 한국인이라고 하니까 반가워하면서 "I can speak Korean."이라고 하더니 "안..녕..하..세..요"라고 더듬거리는 한 마디를 하였다. 그가 아는 한국말은 그것이 전부였지만 그는 자신의 한국말 실력을 매우 자랑스러워했다. 그런데 나는 당시에 어떤 미국인에게도 "I can speak English"라고 자신 있게 말한 적이 없었다. 도리어 "I can not speak English well."이란 말을 자주 하였으며 그럴 때마다 미국 친구들은 "Oh, no, your English is not bad."이라고 하면서 격려하여 주었다.

과연 영어를 잘한다고 하는 기준은 무엇인가? 미국사람처럼 능숙하게 말하고, 발음도 본토 발음으로 해야만 잘하는 것인가? 만일 외국에 한 번 나가보지 못한 당신이 영어를 잘하는 기준을 여기에 두고 있다면 당신은 영어를 잘 할 수 있는 가능성은 그리 높지 않다. 원어민처럼 영어를 해야만 한다는 생각이 당신을 주눅 들게 만들고 도리어 영어공부를 포기하게 하는 원인이 되기 때문이다. 사실, 어느 나라 언어든 외국인이 원어민처럼 잘하는 것은 쉬운 일은 아니다. 물론 그렇게 할 수만 있다면 더할 나위 없이 좋지만 모국어가 아닌 언어를 원어민처럼 할 수 있는 사람이 세상에 얼마나 되겠는가? 그저 미국사람이 하는 말을 알아듣고, 내가 하는 말을 미국사람이 알아들을 정도만 되어도 영어를 꽤 잘하는 것이다. 도리어 나는 TV에 나와 한국인과 똑같이 말하는 외국인을 보면 조금은 징그럽다는 생각이 들 때도 있다. 약간 서투르고 발음이 조금 이상하지만 내가 알아들을 수 있을 정도의 한국말을 구사하는 외국인이 더 정겹게 느껴지는 것은 영어권 이방인인 우리가 영어를 말할 때도 마찬가지일 것이다. 한국인이 미국인과 똑같이 말하고 발음하지 못한다고 해서 스트레스를 받을 필요는 절대로 없다는 말이다.

반기문식 영어 얕보지 마라

언젠가 유튜브에서 특별한 동영상을 본적이 있다. TV에서 어떤 중년의 한국 남성이 강단에 서서 연설을 하고 있다. 그런데 누가 보아도 완전히 한국식 발음의 콩글리쉬 영어이다. 리포터가 그 강연을 듣고 있는 한국 사람들에게 "이 사람의 영어에 몇 점을 주시겠습니까?"라고 묻자 그 곳에 있던 한국 사람들 대부분은 40~50점의 점수를 주었다. 그러자 이번에는 그 자리에 있던 어느 미국인에게 물어보았다. 그 미국인은 "이 사람의 영어는 표현력이나 문법적인 면에서 전혀 손색이 없다"고 칭찬하면서 90점을 주었다. 그리고 모니터 화면이 바뀌었는데 그 연설을 한 장본인은 다름 아닌 반기문 유엔사무총장이었다. 그러자 반기문 총장에게 50점의 영어점수를 주었던 사람들은 깜짝 놀라면서 머쓱해 하는 것을 볼 수 있었다. 우리가 알다시피 반기문 총장의 영어는 미국식 버터 영어가 아니라 된장찌개 냄새가 나는 토종 한국식 영어이다. 하지만 세계의 지도자들 사이에서 전혀 손색이 없는 영어이다. 이 동영상이 던져주는 메시지는 한국인과 미국인은 영어를 잘한다는 관점이 다르다는 것이다. 한국인들은 미국사람과 똑같은 원어민 발음을 해야 영어를 잘 하는 것으로 생각하지만 정작 미국 사람들은 그렇게 생각하지 않는다는 것이다. 반기문 사무총장의 된장찌개 영어는 영어교육에서 중요한 것은 원어민 발음보다 상대방의 말을 분명히 알아듣고 내 생각을 상대방이 이해하도록 잘 전달하는 것이라는 사실을 인식시켜 주는 중요한 사례이다.

자신의 영어에 자긍심을 가져라

아이가 말을 배울 때 엄마들은 자녀에게 칭찬의 말을 자주 해준다. 그러면 아이는 자기가 말을 잘하는 줄 알고 더 많은 말을 하게 되며, 그러다 보면 정말로 말을 잘하게 된다. 단무지 교육법에서 칭찬이 중요한 것은 이 때문이다. 유치원 선생님들이 아이들에게 칭찬을 많이 하는 것은 이러한 원리 때문이다. 영어 공부에서도 마찬가지이다. 자기 스스로에게 영어를 잘한다고 칭찬하는 사람이 그렇지 않은 사람보다 훨씬 빨리 영어를 배울 수 있다. 반면에 날마다 "나는 영어를 못해" 라는 말로 자기 암시를 하는 사람은 영어를 잘하기가 쉽지 않다. 그러므로 오른쪽 뇌 영어공부법에서는 자신의 영어실력에 대한 자신감을 갖는 것이 영어실력 향상에 무엇보다 중요하다.

대부분의 엄마들은 자녀가 서너 살 쯤 되면 말을 가르치기 시작한다.

사과와 바나나, 자동차, 얼룩말 등이 그려진 커다란 종이를 벽에 붙여놓고 하나하나 짚어가면서 "이게 뭐지?"라고 아이에게 물어본 후 아이가 알아맞히면 칭찬을 해 준다. 그러면 아이는 더 신이 나서 대답을 하고 그러면서 말을 차츰 배워나간다. 이것이 바로 〈엄마표 오른쪽 뇌 학습법〉이다. 영어도 이런 식으로 가르치고 배워야 한다. 피교육자의 영어실력을 칭찬해 주고 또한 자기 스스로의 영어실력을 칭찬해 주어야 한다. 학습활동에 있어서 칭찬이 항상 좋은 것만은 아니다. 경우에 따라 칭찬이 독이 될 수도 있지만 단무지 영어공부법에서 칭찬은 완전 특효약이다. 칭찬에 신이 난 사람들은 영어 공부가 더욱 신이 나기 때문이다.

틀린 영어라도 자꾸 해야 는다

영어를 잘하려면 영어로 자꾸 말을 많이 해야 한다. 영어로 말을 많이 한 만큼 영어실력이 늘어나기 때문이다. 영어를 잘 하는 외국인과 말을 하면 더할 나위 없지만 그렇지 않으면 가족이나 친구끼리라도 자꾸 영어로 말을 해야 한다. 그것도 여의치 않다면 혼자서라도 자꾸 영어로 말을 하는 훈련을 해야 한다. 영어로 말을 할 때는 어려운 말보다는 쉽고 단순한 영어 표현을 많이 하는 것이 중요하다. 이 책의 3단원에는 실생활에 자주 쓰이는 쉽고 단순한 영어표현을 천개 정도 모아놓았는데 이것만 반복해서 연습해도 영어실력이 눈에 띠게 향상 될 것이다. 단언컨대 날마다 하루에 3시간 정도만 무슨 말이든 영어로 중얼댄다면 1년만 지나면 당신은 외국인과 프리토킹에 전혀 지장이 없는 수준의 영어실력자가 될 것이다.

우리 주변에는 틀리는 것이 두려워서 영어로 말을 못하는 사람들이 많이 있다. 이것은 가장 안 좋은 영어공부 습관이다. 배우는 학생은 틀리는 것이 당연하다. 어린아이들이 말을 빨리 배우는 것은 틀리는 것을 두려워하지 않기 때문이다. 시험을 위한 왼쪽 뇌 영어공부법에서는 틀리는 것을 문제 삼지만, 언어 습득을 위한 오른쪽 뇌 영어공부법에서는 틀리는 것은 전혀 문제가 되지 않는다. 틀린 것은 그때그때 바로 잡으면 된다. 오늘날에는 인터넷이나 스마트폰의 발달로 인해 틀린 영어를 확인하는 일이 아주 간편해졌다. 영어 단어는 물론 원어민 발음까지도 인터넷 전자사전을 통해 손쉽게 확인 할 수 있다.

영어를 배울 때 문법적으로 틀리면 큰 일 나는 것으로 생각하는 사람들이 있다. 그러나 영어를 말할 때 문법적으로 틀리더라도 의미전달에는 문제가 되지 않는 경우가 많이 있다. 나는 미국에 처음 갔을 때 문법적으로 완벽한 영어를 구사하려다가 도리어 상대방이 내 영어를 알아듣지 못하는 일을 여러 번 경험하였다. 대부분 문법을 따지다가 어순을 놓칠 때 그런 일이 벌어진다. 사실, 언어는 단어의 연결이다. 아이들은 말을 배울 때에 문법 보다 단어의 연결 방법을 배운다. 문법을 몰라도 단어를 어순에 따라 나열하면 말이 된다. 문법보다는 어순을 가지고 영어를 배우는 방법 또한 이 책에서 내가 시도하는 오른쪽 뇌 영어공부법의 중요한 원리이다.

예를 들면 "나는 내일 학교에 갈거다." 라는 말을 영어로 이렇게 말했다고 가정해 보자.

    I go tomorrow school.
    나는 간다 내일   학교

문법적으로 볼 때 이 문장은 분명히 틀린 말이다. 그러나 미국 사람에게 이렇게 말을 하면 무슨 말인지 알아듣고는 미소를 지을 것이다. 그리고 내가 영어에 능숙하지 못한다는 사실을 눈치 채고 내 수준에 맞춰서 말을 할 것이다. 그러면 나는 그 사람과 내 수준에 맞는 영어로 대화할 수 있게 된다. 마치 엄마가 5살짜리 어린아이와 대화하듯이 말이다. 영어는 이런 식으로 배우는 것이 가장 좋은 방법이다. 내가 문법적으로 틀린 영어를 하는 것이 창피하고 두려워서 영어로 말을 하지 않는다면 나는 영어를 잘 할 수 있는 기회를 영영 잃어버리게 된다.

한 두 마디의 짧고 간결한 영어라도 내가 알고 있는 영어를 가지고 사람들과 자꾸 말을 하는 것이 중요하다. 주변에 영어로 대화할 사람이 없다면 혼자서라도 자꾸 해야 한다. 혼자서 하는 영어방법 중의 하나는 내가 하고 싶은 말을 영어식 어순으로 나열한 다음 거기에 적당한 영어 단어를 집어 놓는 것이다. 이러한 영어공부법에서는 짧고 단순한 말부터 시작하는 것이 좋다. 이 책의 3단원에 나오는 우리말로 된 1,000개 정도의 단순한 표현을 영어식 어순으로 끊어 읽는 훈련을 꾸준히 한다면 당신의 영어 실력은 단기간에 상당한 수준으로 향상 될 것이다.

07
문법보다 말의 원리를 알아야

한국인의 영어 도전기 그 결말은

"나는 영문법의 기초가 부족해서 탈입니다."

많은 한국인들이 이런 생각을 하고 있다. 그리고는 책방에 가서 영문법 책을 한 권 사서 공부를 시작한다. 보통 300 페이지가 넘는 분량의 영문법 책을 야심차게 첫 페이지부터 공부하지만 50페이지를 채 넘기지 못하고 도전은 끝나고 만다. 이런 일을 몇 차례 반복하다가 영어를 또 다시 포기하면서 "나는 영어 체질이 아닌가…"라고 낙심하는 것이 수많은 한국인의 영어 도전기이다.

이처럼 우리나라에는 영문법 책을 한번 떼기만 하면 영어실력이 크게 늘 것으로 착각하는 사람들이 많이 있다. 영문법 책을 한 번 떼는 것도 쉬운 일은 아니지만, 엄청난 노력을 통해 문법책을 한 번 뗀다고 해도 영어실력이 크게 달라질 것은 없다. 그 후에도 영어는 계속해서 어렵고 힘든 공부가 될 것이기 때문이다. 영어를 잘 하려면 기억 속에 남아있는 영문법에 대한 향수를 가능한 한 빨리 지워야 한다. 문법을 중시하는 왼쪽 뇌 영어공부법은 힘들고 머리만 아플 뿐이지 정작 영어 실력 향상에는 큰 도움이 안 된다. 왼쪽 뇌에 부담을 주는 영문법 대신 오른쪽 뇌를 즐겁게 하는 새로운 영어공부법을 붙들어야 한다.

문법보다 말의 원리가 중요하다

언어를 배울 때는 문법 보다 말의 원리를 배우는 것이 필요하다. 어린아이들이 말을 배울 때 문법을 배우지 않았음에도 불구하고 문법적으로 맞게 말하는 것은 말의 원리를 알기 때문이다. 어린아이들은 말을 배우는 과정에서 자연스럽게 말의 원리를 습득하게 된다. 사람은 누구나 이런 식으로 모국어를 배운다. 우리가 특별히 국문법을 배우지 않았음에도 외국인이 우리말을 할 때 맞게 말하는지 틀리게 말하는지를 분별할 수 있는 것도 이 때문이다.

영어와 한국말을 포함하여 이 세상에 존재하는 모든 언어에는 원리가 있다. 이 원리는 조물주가 인간에게 언어를 주었을 때 이미 그 속에 들어있는 것이다. 나는 모국어인 한국어와 제2외국어인 영어 외에도 신학대학교에서 헬라어와 히브리어를 배우면서 인간의 언어에는 공통적인 원리가 있음을 발견하였다. 그 원리는 "언어는 단어와 단어의 연결을 통해 의미가 만들어진다."는 것이다. 이것은 어느 나라 말이든 단어를 알고 그 단어를 연결시키는 원리만 알면 그 언어를 쉽게 배울 수 있음을 보여준다. 영어도 마찬가지이다. 영어 속에 들어있는 단어의 연결 원리는 우리말 속에 들어있는 단어의 연결 원리 보다 단순하기 때문에 외국인이 우리말을 배우는 것보다 우리가 영어를 배우는 것이 훨씬 쉽다고 할 수 있다. 이러한 말의 원리에 대한 예를 우리말로 들어보면,

나는 학교에 간다.

위 문장은 3개의 단어가 연결되어 만들어졌다. (나)라는 대명사와 (학교)라는 명사와 (간다)라는 동사로 구성되어 있다. (나) 뒤에 붙은 (는)

과 (학교) 뒤에 붙은 (에)는 앞 말과 뒷말을 연결시켜 주는 조사로서 일종의 연결어이다. 우리말에서는 조사가 중요하지만 그렇다고 조사가 없다고 해서 의미가 전달되지 않는 것은 아니다.

위 문장에서 조사를 빼면,

나 학교 간다

이렇게 해도 의미 전달은 되는데 영어도 마찬가지이다.

I go to school.

위의 영문 역시 I 라는 단어와 go 라는 단어와 school 이라는 단어로 구성되어 있다. to 는 go 와 school 을 연결해주는 전치사인데 없어도 의미전달은 가능하다.

I go school.

여기서 우리는 말의 원리를 발견할 수 있는데 그것은 말에서는 단어가 중요하고, 그 단어를 순서에 따라 배열하는 것이 중요하다는 사실이다. 문법을 잘 몰라도 단어만 알고 그 단어를 순서대로 배열하면 서로 간에 의사전달이 어느 정도는 된다.

언어에서 가장 중요한 것은 어순이다

위에서 살펴보았듯이 언어에서는 단어와 단어의 배열순서가 중요하다. 아래의 우리말에서는 (나) (밥) (먹는다) 순으로 배열되었지만, 영어에서는 I(나), eat(먹는다), meal(밥) 순으로 배열이 되어 있다.

    나 - 밥 - 먹는다
    I - eat - meal

그러나 말의 어순이 바뀌면 우리말이든 영어든 간에 의미 전달에 문제가 생길 수 있다. 예를 들면,

    밥 - 먹는다 - 나
    meal - eat - I

어순이 뒤섞이니까 우리말이든 영어도 의미 전달이 조금 이상해지는 것을 알 수 있다. 그러나 우리말은 명사 뒤에는 조사가 있기 때문에 어순이 바뀌어도 의미 전달에 큰 문제가 안 된다.

    밥을 먹는다 나는

그러나 영어에는 조사가 없기 때문에 어순이 바뀌면 의미 전달에 심각한 문제가 발생할 수 있다.

    Meal eat I.
    밥은 먹는다 나를

그러므로 영어는 우리말 보다 어순의 중요성이 더 크다는 사실을 기억해야 한다.

머릿속의 뒤바뀐 영어 어순을 바로 잡아라

한국인이 영어를 배우는데 어려움을 겪는 가장 큰 이유는 우리말과 영어의 어순이 다르기 때문이다. 중국은 우리나라와 같은 비영어권 국가이지만 중국인들이 한국인들보다 영어를 훨씬 쉽게 배울 수 있는 것은 중국어의 어순이 영어의 어순과 같기 때문이다. 우리말의 어순과 영어의 어순이 다르다는 한 가지 사실이 한국인들이 오랜 시간을 영어를 공부함에도 불구하고 영어실력이 늘지 않는 주원인이다.

그러나 우리에게도 희망은 있다. 한국인이 영어를 잘하지 못하는 결정적 이유가 어순 때문이라면 뒤바뀐 어순의 문제만 해결한다면 우리나라 사람들도 영어를 쉽게 배울 수 있다는 결론이 나온다. 예를 들면 삼성 휴대폰을 쓰다가 LG 휴대폰으로 바꾸면 글자 자판이 달라서 한동안 애를 먹는 것과 원리가 같다. 이런 문제는 휴대폰 설명서를 본다고 해결 되는 것이 아니라, 휴대폰 자판을 자꾸 사용해서 익숙해져야만 문제가 해결된다. 영어도 마찬가지이다. 영문법 책을 보고 그것을 달달 외우는 것 보다 내가 알고 있는 영어 단어를 영어식 어순으로 바꾸어 말을 익숙해질 때까지 반복적으로 말을 하는 훈련이 필요하다. 영어공부의 4요소라고 할 수 있는 말하기, 듣기, 쓰기, 읽기 모두 영어의 어순에 초점을 맞추어 공부하면 쉽게 배울 수 있다.

아래 영문을 예로 들어보면.

I go to school.

위의 영문은 4개의 단어로 이루어진 간단한 말이지만 그 안에는 8개의 문법적 특성이 들어있다. 〈주어〉〈1인칭〉〈대명사〉〈보통명사〉〈자동사〉〈전치사〉〈전치사구〉와 같이 우리가 평소에는 잘 사용하지 않는 문법 요소들이 이 짧은 문장 안에 들어있다. 한국식 문법 영어에서는 이러한 문법적 요소들을 가르치고 학생들은 이러한 것을 외우는데 많은 시간을 소요한다. 그러나 이러한 문법 중심의 영어공부는 어렵기만 할 뿐 재미도 없고 아무리 해도 영어 실력이 늘지 않는다. 골치 아픈 것을 싫어하는 요즘 학생들이 이런 식의 영어를 배척하는 것은 당연한 일이다. 이러한 문제를 해결하려면 영문법 보다는 영어의 어순이 만들어지는 원리를 가르쳐야 한다. 사실, 영어의 어순의 원리는 10개 정도밖에 되지 않는다. 그러므로 영어의 어순의 원리를 익히면 누구나 영어를 쉽게 배울 수 있다. 이 책의 2단원에는 내가 개발한 영어의 원리를 통해 배우는 단순하고 쉬운 영문법이 들어있다.

08 영어식 어순을 트레이닝 하라

한국인이 영어를 못하는 치명적 원인

　오래 전에 고등학교에서 제2외국어를 배울 때가 있었는데 그 당시 일본어를 제2외국어로 택한 학생들이 많았다. 일본어가 다른 언어에 비해 배우기가 쉬워서 수능에서 고득점을 얻을 수 있었기 때문이다. 일본어가 한국인들이 배우기 쉬운 이유는 우리말과 일본어의 어순이 같다는 한 가지 사실에 있다. 어느 나라 말이든 자기 나라 말과 어순이 같으면 배우기가 쉬운 법이다. 어순이 같으면 단어만 나열해도 의미가 어느 정도는 통하기 때문이다. 한국인이 일본어를 배울 때는 어순이 같으므로 자신이 알고 있는 일본어 단어를 우리말식으로 나열하기만 하면 말이 통한다. 그러나 영어는 우리말과 어순이 다르므로 우리말식으로 나열한다고 해서 말이 통하는 것이 아니다. 그러므로 영어를 배울 때는 영어의 어순을 아는 것이 중요하다.

　현재 지구상에는 약 6,000여개의 언어가 있는데 그 중에 대부분은 영어와 어순이 같다. 한국어나 일본어처럼 영어와 정반대의 어순을 가진 나라는 많지가 않다. 아시아의 비영어문화권인 중국이나 동남아 사람들이 한국인 보다 영어를 쉽게 배우는 것은 그들이 사용하는 모국어의 어순이 영어의 어순과 같기 때문이다. 반면에 한국어와 일본어의 어순은 영어의 어순과 다르다. 달라도 약간 다른 것이 아니라 완전히 다르다. 거의 정반대라고 할 수 있다. 이러한 어순의 차이가 한국인의 영어공부를 힘들게 만드는 치명적 원인이 되고 있다. 아래 예문을 통해 영어와 우리말의 어순의 차이를 살펴보면,

나는 오늘 아침에 아침밥을 먹은 후 학교에 갔다.
①   ②   ③   ④   ⑤   ⑥ ⑦   ⑧

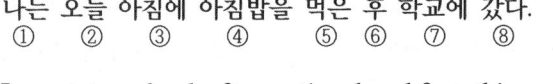
① ⑧   ⑦   ⑥   ⑤   ④   ②   ③

위에서 보면 주어 (나는)을 제외한 나머지 말은 순서가 거의 정반대라는 사실을 알 수 있다. 한국인이 오랜 시간 영어공부에 매달리면서도 영어를 잘하지 못하는 이유는 바로 이 때문이다. 영어의 뒤바뀐 어순 때문에 오른쪽 뇌는 혼란을 일으키고 왼쪽 뇌가 바뀐 어순을 우리말 어순에 꿰어 맞추려고 애를 쓰다 보니 골치가 아픈 것이다. 왼쪽 뇌를 통해 영어의 어순을 우리말 어순으로 바꾸는 식의 영어공부는 문법이나 독해와 같은 시험을 위한 영어에는 효과가 있을지 몰라도 말하기, 듣기와 같은 실제적인 영어에는 거의 효과가 없다. 한국인의 고질적인 영어 문제가 왼쪽 뇌 공부법을 통해서 해결될 수 없는 이유는 이 때문이다.

오른쪽 뇌에서 곧바로 처리하는 훈련이 필요하다
이제껏 해온 한국식 영어공부법에서는 영어를 독해할 때 우리말과 어순이 반대인 영어를 해석한 후에 우리말 어순으로 바꾸는 방식을 사용하였다. 예를 들면,

I went to school after eating breakfast this morning.
나는 오늘 아침에 아침밥을 먹은 후에 학교에 갔다.

위의 영문 번역은 우리말 어순에 맞추어 매끄럽게 잘 된 것처럼 보이지만, 이런 식의 우리말 어순에 맞춘 독해 방법은 한국인의 영어공부에 독약이나 마찬가지이다. 이런 식의 영문 독해에 나타나는 문제점은 2단계의 번역 과정을 거친다는 것이다. 영어를 들을 때 먼저 오른쪽 뇌가 영어식 어순으로 받아들이는 1단계의 과정과 그것을 다시 왼쪽 뇌가 우리말 어순으로 바꾸어 이해하는 2단계의 과정이다. 이러한 2단계 해석은 우리말과 영어의 어순이 다르기 때문에 나타나는 자연스러운 현상처럼 보이지만 이것을 고치지 않으면 한국인의 영어 문제, 특히 리스닝이나 스피킹 문제의 해결은 쉽지 않다. 영어의 리스닝이나 스피킹은 오른쪽 뇌에서 단번에 처리해야지 그것을 왼쪽 뇌로 가져가면 안 되기 때문이다. 예를 들면,

I love you.

누구나 위의 말을 듣는 순간 그 의미를 알 수 있을 것이다. 그 이유는 너무나 쉬운 영어이며, 많이 들어본 영어이기에 듣는 순간 오른쪽 뇌가 그 의미를 곧바로 인식하기 때문이다. 어린아이가 말을 배울 때 엄마는 아이에게 오른쪽 뇌가 쉽게 이해할 수 있는 쉬운 말부터 가르친다. 그러나 한국식 영어에서는 처음부터 왼쪽 뇌를 사용해야 이해할 수 있는 어려운 문장들을 배우기 때문에 문제가 발생한다. 중학교 2학년이나 3학년만 되도 영어 교과서의 내용이 꽤 어렵다는 것을 알 수 있다.

우리에게 필요한 것은 유치원식 영어교육이지 대학교식 영어교육이 아니다. 말을 듣는 순간 오른쪽 뇌가 그것을 곧바로 처리할 수 있는 쉬운 영어공부법이 있어야 한다.

영어의 어순 그대로 하라

한국인의 영어공부에는 언제나 어순이 걸림돌이다. 중장년층의 사람들 중에는 아무리 공부해도 영어의 듣기나 말하기가 잘 되지 않는다고 하소연하는 사람들이 많이 있다. 이것은 나이가 들수록 오른쪽 뇌의 기능이 약해지기 때문에 오는 자연스러운 현상이다. 영어를 오른쪽 뇌에서 바로 처리하지 않고 자꾸 왼쪽 뇌로 가져가려고 하기 때문에 영어의 말하기나 듣기가 잘 되지 않는 것이다. 그러므로 한국인의 영어공부에 걸림돌이 되는 어순의 문제를 해결하려면 영어를 들을 때 우리말로 바꾸지 말고 영어식 어순 그대로 받아들이는 훈련을 자꾸 해야 한다. 위의 영문을 영어식 어순 그대로 받아들이면 아래와 같다.

I went to school after eating breakfast this morning.
나는 갔다   학교에   아침을 먹은 후에   오늘 아침에

나는 갔다 / 학교에 / 아침을 먹은 후에 / 오늘 아침에

위의 영어식 어순이 낯설게 느껴지는 것은 우리말 어순에 익숙해져 있기 때문이다. 그러나 영어권 사람들에게는 전혀 어색하지 않은 어순이다. 영어권 사람들은 도리어 우리말 어순이 낯설고 이상하게 느껴질 것이다. 그러므로 영어를 잘 하려면 영어식 어순을 이상하게 생각하지 말고 도리어 그것에 익숙해지도록 노력해야 한다. 처음에는 어색할지

몰라도 영어식 어순을 우리말 어순으로 바꾸지 않고 그대로 받아들이는 연습을 자꾸 하다보면 낯선 것이 전혀 낯설지 않게 들릴 때가 올 것이다. 그 때가 바로 영어가 들리게 되는 때이다. 일반적으로 사람들은 말을 할 때 의식을 통해 하지 않고 무의식을 통해 한다. 무의식에서 말이 나올 때까지 반복적인 연습을 하였기 때문이다. 영어도 마찬가지이다. 영어식 어순으로 반복적인 연습을 하다보면 어느 순간에 영어가 무의식적으로 들리게 되고, 영어를 무의식적으로 말하게 되는 때가 오게 된다. 그 때가 바로 막힌 영어가 뚫리는 때이다.

3박자로 끊어 읽으라

한국어와 영어의 어순의 차이를 극복하기 위한 최선의 방법은 3박자 끊어읽기를 하는 것이다. 내가 개발한 영어공부법인 3박자 끊어읽기는 영어의 어순 그대로 읽으면서 오른쪽 뇌가 인지하기 쉬운 최적의 상태를 만드는 것을 말한다. 영어를 3박자로 끊어 읽으면 우리말과 뒤바뀐 영문에 대한 이해가 쉽게 이루어진다. 예를 들면,

I went to school / after eating breakfast / this morning.
나는 갔다 학교에   아침밥을 먹은 후에   오늘 아침에

위 영문에서 (I went to school)과 (after eating breakfast)는 3박자로 된 최적의 형태다. 또한 전체 문장이 3박자 형태로 끊어진 형태로 구성되어 있다. 이와 같이 3박자로 끊어 읽으면 우리말과 어순이 다를지라도 우리의 뇌가 쉽게 이해할 수 있다. 이런 식의 끊어읽기는 아무리 긴 문장일지라도 한 눈에 쏙 들어오게 만드는 효과가

있으므로 영어의 말하기(Speaking), 듣기(Listening), 읽기(Reading), 쓰기(Writing)를 할 때 오른쪽 뇌가 영어문장을 쉽게 받아들일 수 있도록 돕는 역할을 한다.

영어가 우리말처럼 자연스러워질 때까지

우리나라의 자동차는 운전석이 왼쪽에 있지만 일본의 자동차는 운전석이 오른쪽에 있다. 그래서 우리나라에서 운전을 하던 사람이 일본에 가서 운전을 하면 아주 낯설게 느껴진다. 한국에서 운전을 배운 사람이 운전석이 오른쪽에 있는 차를 타고 차도의 왼쪽 길을 달린다면 얼마나 낯설고 이상하겠는가? 그러나 이것도 잠시뿐이다. 어색한 것을 무릎쓰고 몇 달을 운전 하다보면 오른쪽 운전석이 자연스러워질 때가 온다. 영어도 마찬가지이다. 물론 영어가 우리말처럼 자연스러워지기 위해서는 바뀐 운전석이 자연스러워지는 것보다는 더 긴 시간이 요구될 것이다. 그러나 열심히 노력 하다보면 바뀐 어순이 자연스러워지는 때가 반드시 오게 된다.

메이저리거인 류현진은 양손잡이이다. 투수인 류현진은 피칭은 왼손으로 하지만 타격은 오른손으로 한다. 원래 오른손잡이였던 류현진은 야구를 시작할 때부터 왼손으로 던지기를 시작했다. 왼손투수가 타자를 상대할 때 더 유리하다는 아버지의 권유로 왼손 던지기 훈련을 시작한 것이다. 류현진은 지금도 공을 던질 때만 왼손을 사용한다. 야구선수 중에서 오른쪽과 왼쪽 모두에서 타격을 하는 선수들을 '스위칭히터'라고 부른다. 스위칭 투수든 스위칭 히터든 그들 대부분은 왼손잡이나 오른손잡이 중 하나로 태어나지만 지속적인 훈련을 통해 어느 순간에 양손을 똑같이 쓸 수 있는 스위칭 선수가 되는 것이다.

훈련에 의해서 낯선 것을 자연스럽게 만들 수 있는 것은 오직 인간만이 가지고 있는 특별한 능력이다. 세상의 모든 생물들은 천성적인 것만으로 살아가지만 인간은 훈련에 의해서 천성적인 것을 바꿀 수 있는 능력을 가지고 있다. 이러한 지속적 훈련을 통해 천성적인 것을 바꿀 수 있는 일은 오른쪽 뇌와 관계가 있다. 오른쪽 뇌를 사용하여 지속적 훈련을 하다보면 영어식 어순이 우리말 어순처럼 자연스럽게 될 때가 오게 된. 영어를 공부할 때 반복적인 훈련이 중요한 이유는 바로 이 때문이다.

뒤바뀐 영어의 어순을 빨리 극복할 4가지 팁을 정리해 보면

① 영어의 어순을 우리말 어순으로 바꾸지 말고 영어 어순 그대로 읽어 나가라.
② 영어의 어순을 3박자의 최소한의 형태로 끊어 읽으라.
③ 영어 어순이 우리말 어순처럼 자연스러워질 때까지 꾸준하게 반복적인 훈련을 하라.
④ 매일 시간을 정해놓고 꾸준히 연습하라.

이 네 가지를 당신의 하루의 삶 속에서 꾸준히 지켜나간다면 영어정복의 날도 그리 멀지 않을 것이다.

09
엄마표 영어로 우리아이 영어고수 만들기

엄마표 영어만으로도 충분하다

우리나라에 기러기 아빠들이 늘어나고 있다. 아내와 자녀를 외국에 보내고 한국에 홀로 남은 남편들은 몇 년 또는 심지어 10년 이상을 일 년에 가족을 며칠 보는 것으로 만족하며 살아야 한다. 뿐만 아니라 자녀의 유학비용과 가족의 생활비를 위해 매년 1억 이상의 돈을 벌어서 보내야만 한다. 그들이 이처럼 엄청난 희생을 감수하면서도 자녀들을 미국이나 캐나다와 같은 나라에 조기유학을 보내는 이유는 국내에서는 제대로 된 영어교육을 받기가 어렵다는 생각 때문이다. 과연 이 땅에서는 영어를 잘 할 수 있는 방법은 없는 것일까? 영어를 잘하려면 최소한 필리핀 영어연수라도 다녀와야 하는 것일까?

외국에 조기유학을 보내야만 영어를 잘 할 수 있다는 생각은 오늘날 한국사회가 만들어낸 편견일 수도 있다. 영어는 일종의 말이고 인간이 가장 쉽게 배울 수 있는 것은 말이기 때문에 누구나 1년 정도만 집중해서 공부하면 영어를 능숙하게 할 수 있다. 특히 어린 나이에는 언어습득을 위한 오른쪽 뇌가 활짝 열려있기 때문에 엄마가 자녀의 영어교육에 조금만 신경을 써준다면 어린이들은 누구나 영어를 쉽게 배울 수 있다. 특히 오늘날에는 외국에 나가지 않아도 영어를 잘 할 수 있는 환경이 우리나라에 충분히 조성되어 있다. 영어공부를 위한 양질의 책과 비디오나 오디오로 된 영어 회화용 자료들이 많이 있으며, 특히 인터넷이나 모바일을 이용하면 돈을 별로 들이지 않고도 손쉽게 공부할 수 있는 길이 열려있다. 그러나 문제는 이러한 도구나 자료들을 얼마나 효과적으로 활용할 수 있는가 하는 것이다.

자녀의 영어교육에 있어서 한국의 엄마들은 아이들에게 질 좋은 자료를 공급해 주려고만 하지 그것을 아이들과 어떻게 공유할지에 대하여는 관심이 없다. 영어 학습에서는 질 좋은 자료도 중요하지만 그보다 더 중요한 것은 인간관계이다. 말은 관계의 산물이기 때문이다. 말이란 인간관계를 위해서 필요한 것이므로 외국어를 배울 때도 관계를 통해서 배우는 것이 쉽고 효과적이다. 자녀들의 영어교육이 엄마의 무릎에서 행해져야 하는 이유는 바로 이 때문이다.

유대인 엄마들의 무릎교육은 세계적으로 유명하다. 엄마가 어린자녀를 무릎에 앉혀놓고 읽어주는 탈무드가 오늘날의 이스라엘을 만들었다고 해도 과언이 아니다. 반면에 우리나라 엄마들은 학원 맹신주의자들이 너무 많다. 많은 돈을 들여 아이들을 학원에만 보내면 아이들이 뛰어난 인재가 되는 줄로 착각하고 있다. 방과 후에 밤늦게까지 여러 학원을 빙빙 도는 초등학생들의 모습은 안타깝다 못해 슬프기까지 한 우리나라 교육의 자화상이다.

예전에 미국에서 온 어느 교육학 교수의 홈스쿨링세미나에 참석해서 들은 이야기이다. 미국에는 아이들을 학교에 보내지 않고 가정에서 교육하는 홈스쿨가정이 200만이 넘는다고 한다. 놀라운 사실은 하버드와 같은 세계 최고의 대학에 들어가는 비율이 홈스쿨 학생들이 공교육기관의 학생들보다 더 높다는 것이다. 이러한 통계는 엄마의 무릎 교육이 위대한 인물을 키워내는 요람이라는 사실을 입증한다.

엄마표 영어에서 가장 우선시 되어야 할 것은 "영어는 영문학과를 나온 선생님만이 가르칠 수 있는 학문"이라는 생각을 버리는 것이다. 고등학교 정도의 영어교육을 받은 엄마라면 누구나 엄마표 영어로 자녀들을 영어고수로 만들 수 있기 때문이다. 사실, 무릎교육은 엄마의 학력과는 별 관계가 없다. 영어는 한국어와 같은 언어이기 때문에 어린 자녀에게 한국말을 어떻게 가르쳤나를 생각해 보면 답이 나온다. 언어는 관계를 통해서 배우는 것이므로 어린자녀를 무릎에 앉혀놓고 영어로 아이와 놀아주는 것이 중요하다. 일상생활에서 사용하는 아주 쉬운 말을 영어로 바꾸어서 아이들과 영어로 하루 1시간만 놀아준다면 그 아이가 중학교에 들어갈 때쯤에는 영어를 상당히 잘 하는 학생으로 바뀌게 될 것이다.

엄마표 영어를 위한 10가지 팁

① 모국어가 완성 된 후 영어를 가르쳐라

『아이의 영어두뇌』라는 책을 저술한 영어전문가 박순의 글에서 발견한 흥미로운 이야기이다. 문(Moon)이라는 학자가 어린아이가 모국어를 언제 습득하는 지를 실험을 통해 증명하였다. 실험 대상은 태어난 지 하루 정도 된 미국 아기들과 스웨덴 아기들이었다. 아기들의 심리적 반응을 보기 위해 입에 젖꼭지를 물린 후 미국 아기들에게는 스웨덴어를 들려주고, 스웨덴 아기들에게는 영어를 들려주었더니 아기들이 정신없이 젖꼭지를 빨더라는 것이다. 이런 현상은 아기들이 외국어에 대한 스트레스를 받아서 나온 심리적 반응이다. 문은 이러한 실험 결과를 바탕으로 모국어는 엄마의 뱃속에서 이미 결정된다고 주장 하였다. 또한 워싱톤 대학의 패트리샤 쿨 교수는 아기들이 생후 1년 정도면 모국어에 대한 말소리 인식 능력이 거의 완성된다고 하였다.

이러한 이론들을 바탕으로 박순은 어린아이가 모국어를 제대로 배우기 전에 영어를 가르치면 부작용이 나타날 수 있음을 경고하였다. 모국어가 완전히 형성되기 전에 영어를 가르치면 아이들은 언어적 혼란이 일어나 도리어 영어에 대한 트라우마가 생길 수 있다는 것이다. 나는 이 말에 전적으로 동의한다. 오른쪽 뇌를 이용한 영어교육법에서는 영어에 대한 스트레스는 금물이다. 엄마의 지나친 열정에서 나온 섣부른 영어조기교육이 도리어 자녀에게 영어 트라우마를 갖게 하여 평생 영어를 싫어하게 할 수도 있기 때문이다.

② 영어공부 강요 말고 영어로 놀아주라

『그릿』이라는 공부 잘하는 법에 대한 책을 저술한 김주환 연세대 교수는 "아이와 엄마 사이에 공부가 있으면 끝장"이라고 단언한다. 소아정신과에 불안장애와 소화장애 환자가 넘쳐나고 우리나라가 청소년 우울증 자살률이 세계 1위가 된 원인 분석에서 전문가들은 엄마의 억척스런 공부 강요를 원인으로 든다. 아이들은 "엄마의 사랑을 받으려면 공부를 해야 하는구나" 하면서 불안에 빠지게 되고 결국에는 공부를 싫어하게 된다는 것이다. 엄마의 지나친 공부에 대한 열정이 도리어 아이들로 하여금 공부를 멀리하게 하는 원인이 되는 것이다.

한국인의 영어공부에도 김주환 교수가 염려하는 것과 똑같은 현상이 나타나고 있다. 영어에 대한 엄마의 지나친 관심과 강요 그리고 성적 중심의 학교 교육이 도리어 아이들로 하여금 영어를 싫어하게 만드는 원인이 되고 있다. 내가 "오른쪽 뇌 영어공부법"을 강조하는 이유는 바로 이 때문이다. 아직 공부 뇌가 발달하지 않은 어린아이들에게 공부로서의 영어를 강조하게 되면 아이들이 영어를 싫어하게 되는 부작용이 나타난다. 반면에 놀이 뇌인 오른쪽 뇌를 이용해서 영어를 가르친다면 아이들은 영어와 친해지게 된다. 아이들이 영어와 친해진다면 이미 영어교육의 절반은 성공한 것이다. 자녀들에게 영어공부를 시키지 말고 아이와 영어로 놀아주는 것이 가장 좋은 영어교육법인 것은 이 때문이다.

③ 재능 보다 노력을 칭찬하라

오른쪽 뇌 영어공부법에서는 칭찬이 필요하다는 사실은 앞서 언급하였다. 여기서 중요한 것은 아이들을 칭찬할 때는 재능보다 노력을 칭찬하라는 것이다. 왼쪽 뇌 공부법은 머리가 좋은 사람이 공부를 잘하지만 오른쪽 뇌 공부법은 노력을 많이 한 사람이 잘하므로 자녀의 노력에 대한 칭찬을 아낌없이 해 주어야 한다. 스탠포드 대학의 캐롤 드웰이란 교수가 학생들을 두 그룹으로 나누어 문제를 풀게 하였는데 A그룹은 재능을 칭찬 받은 학생들이고 B그룹은 노력을 칭찬 받은 학생들이었다. 결과는 A그룹 보다 B그룹이 어려운 문제에 대한 도전 정신이나 문제를 푸는 능력이 더 뛰어났다는 것이다.

"머리 좋은 놈이 노력하는 놈을 이기지 못한다"는 말이나 "공부는 머리보다 궁둥이로 한다"는 우리말 속담은 공부를 잘 하는 비결은 IQ보다도 오랜 시간 공부를 하는 것이 중요함을 보여준다. 특히 영어와 같은 언어학습은 머리 보다 끈기 있는 노력이 중요하다. 어린아이들에게 노력을 유발시키는 데는 칭찬보다 더 좋은 약은 없다. 아이들의 재능이 아니라 노력을 칭찬 해줌으로 아이들이 더 오랜 시간 영어에 노출할 수 있게 하는 것이 엄마표 영어의 중요한 팁 중의 하나이다.

④ 스토리텔링이 가장 좋은 영어교육법이다

엄마표 교육에서 스토리텔링만큼 좋은 방법은 없다. 잠들기 전 엄마가 베갯머리에서 읽어주는 동화책이 아이들의 언어능력은 물론 상상력도 자라게 한다. 『지랄발랄 하은맘의 불량육아』의 저자 김선미는 딸 하은이를 스스로 책을 펴들고, 열한 살의 나이에 『해리포터』와 『나니아 연대기』를 영어원서로 읽는 아이로 키워냈다. 김선미씨는 자신의 경험담을 소개하면서 책읽기를 통한 스토리텔링의 효과에 대해 이렇게 그 중요성을 말한다.

"사랑한다, 고맙다, 예쁘다 말해주는 것도 하루 이틀이지 어떻게 하루 종일 그 이야기만 해요. 그런데 책은 아무 말 안 해도 줄줄줄 읽어주면 되잖아요. 책이 매개체가 되어서 대화가 되고 긴밀한 애착이 되고, 관계 형성이 되더라고요."

또한 그녀는 자녀의 영어공부를 위해 영어동화책을 엄마가 직접 읽어주고 학습 DVD를 틈나는 대로 틀어주었다고 한다. 한국말과 달리 영어는 일상생활 속에서 노출될 기회가 거의 없기 때문에 첨단 기기를 이용하여 최대한 영어에 노출될 수 있도록 하는 것이 중요하다는 것이다.

김선미씨와 같은 엄마표 영어 실천가들의 살아있는 간증은 스토리텔링이 가장 쉬우면서도 효과적인 자녀 영어교육법임을 보여준다. 영어 스토리텔링에서 꼭 지켜야 할 것은 아이들의 나이와 흥미에 따른 눈높이 영어교재를 엄마가 직접 골라주어야 한다는 것이다.

⑤ 엄마표 영어공부법의 순서

영어를 잘 하려면 말하기(스피킹), 듣기(리스닝). 읽기(리딩), 쓰기(라이팅)는 물론 문법(그래머)까지 가르쳐야 한다. 문제는 이러한 영어의 각 분야 중 어느 것을 먼저 가르쳐야 효과적이냐 하는 것이다. 물론 어느 정도 수준에 오르면 이 다섯 가지 분야가 통합적으로 이루어지므로 순서적인 의미가 없어지지만 처음 영어를 공부할 때는 중요한 순서에 따라 하는 것이 효과적이다.

엄마표 영어공부법의 중요한 순서를 정해보면

① 리딩 --〉 ② 스피킹 --〉 ③ 리스닝 --〉 ④ 라이팅 --〉 ⑤ 그래머

리딩과 스피킹을 제일 먼저 해야 하는 이유는 한국 사람들이 가장 쉽게 접할 수 있는 것이 리딩과 스피킹이기 때문이다. 리딩을 많이 하면 리스닝 실력이 늘고, 스피킹을 많이 하면 라이팅 실력이 늘어난다.

영어공부에서 제일 쉬운 것은 리딩이다. 영어책 읽기를 통한 영어공부법은 동화책과 같이 어린아이 눈높이에 맞는 영어책을 엄마가 읽어주다가 아이들이 그 의미를 궁금해 할 때 살짝 내용을 설명해주면 된다. 그러면 점차적으로 아이들이 영어책의 내용을 따라 읽으면서 자연스럽게 아이들의 스피킹 실력은 늘어나게 된다. 리스닝 훈련 위해 아이들이 알아듣지도 못하는 영어테이프나 비디오동영상을 듣도록 강요하는 것보다는 이처럼 짧은 이야기이지만 리스닝과 스피킹을 통해 아이들이 알아들을 수 있는 영어를 가르쳐주는 것이 더 효과적이다. 영어로 된 방송이나 영어 CD를 틀어놓고 듣기를 강요할 때 전혀 모르는 말을 무조

건 들어야 하는 부담감이 아이들로 하여금 영어에 대한 부담감을 갖게 할 수도 있다. 리스닝은 리딩과 스피킹을 통해서 어느 정도 아이들이 영어에 대한 흥미와 자신감을 가진 다음에 하는 것이 바람직하다.

한국식 영어교육법에서는 아이들에게 영어를 처음 가르칠 때 알파벳과 쓰기부터 시작하거나 기초 영문법을 가르친다. 이런 식의 영어교육법은 이론적으로는 맞을지 몰라도 실제적으론 효과가 별로 없다. 아이들이 모국어를 배울 때 엄마의 무릎에서 말하기와 듣기를 배우고 쓰기와 문법은 학교에 들어가서 배우는 것처럼 영어에서도 쓰기와 문법은 맨 나중에 해야 할 코스이다.

스토리텔링 중심의 영어교육에서는 알파벳을 몰라도 되는데 그 이유는 아이들이 책을 읽는 것이 아니라 엄마가 책을 읽어주기 때문이다. 어린아이들의 영어교육에서 중요한 것은 영어를 눈이 아니라 귀와 입으로 배우게 해야 한다는 것이다. 어린아이들에게는 알파벳을 외우는 것조차도 힘든 일이 될 수 있지만 스토리텔링을 해 주면 아이들은 알파벳을 몰라도 영어에 흥미를 가질 수 있다. 이렇게 하여 영어를 위한 입과 귀가 어느 정도 열리게 되면 아이들은 영어에 대한 흥미를 가지고 알파벳이나 쓰기를 스스로 배우려 할 것이다. 자녀들의 영어교육에서 가장 중요한 것은 아이들이 영어에 흥미를 갖도록 하는 것이라는 사실을 명심해야 한다.

⑥ 효과적 리딩을 위한 팁

영어원서 스토리텔링을 할 때 중요한 몇 가지 팁을 소개하면
첫째, 아이의 눈높이에 맞춘 교재를 선택하라.

엄마표 영어교육에서 아이들 눈높이에 맞춘 교재가 중요한 것은 아이들의 몰입 때문이다. 요즘 아이들이 컴퓨터 게임에 쉽게 몰입하는 것은 재미가 있기 때문이듯이 영어 스토리텔링도 아이들이 몰입하려면 무엇보다도 교재가 재미가 있어야 한다. 그러므로 엄마는 영어서점을 구석구석 뒤져서라도 자녀의 눈높이에 맞는 교재를 찾아야 한다. 아이들의 눈높이에 맞는 교재가 아이들로 하여금 영어에 대한 재미를 불러일으킨다는 사실을 명심하라. 이를 위해서는 엄마가 아이와 함께 서점에 가서 아이들로 하여금 직접 좋아하는 책을 고르게 하는 것도 좋은 방법이 될 수 있다. 자녀를 위한 영어 책 선택에서 중요한 기준은 가능하면 쉽고 단순하고 재미가 있어야 한다는 것이다. 이것이 자녀를 위한 오른쪽 뇌 영어교육법의 핵심이다.

둘째, 소리 내어 읽고, 천천히 읽고, 반복해서 읽어주라

엄마가 자녀를 무릎에 앉혀놓고 영어책을 읽어주면 스토리텔링만으로도 아이들의 영어실력은 쑥쑥 자라난다. 여기에 몇 가지 책읽기의 기술을 더한다면 금상첨화이다. 일본의 야마무라 오사무는 『천천히 읽기를 권함』에서 효과적인 책읽기에서는 소리 내어 읽는 낭독과 더불어 천천히 읽는 것의 중요성을 말한다. 낭독과 천천히 읽기는 글 속에서의 새로운 느낌과 감동을 준다는 것이다. 야마무라 오사무의 책읽기 충고는 엄마표 영어의 책읽기에도 효과적이다. 맛있는 음식 일수록 천천히 음미하면서 먹듯이 아이가 좋아하는 영어책을 천천히 소리 내어 읽어줄 때 아이들 속에 감동이 일어나고 아이들의 영어에 대한 흥미는 급상승한다.

반복해서 읽기 또한 스토리텔링을 통한 자녀 영어교육의 효과적인 방

법이다. 영어공부에서는 반복학습만큼 좋은 것은 없다. 여러 권의 영어책을 읽는 것보다 한 권의 책을 반복적으로 읽어서 그 내용이 입에서 술술 나올 정도가 되면 아이의 영어실력은 급속도로 상승할 것이다. 어른들은 아무리 재미있는 책일지라도 반복해서 읽으면 실증을 느끼지만 아이들은 다르다. 아이들은 특성상 자신이 좋아하는 책은 열 번 스무 번 읽어도 지루해 하지 않는다. 그러므로 전집으로 된 비싼 영어교재보다 아이들이 좋아하는 한 권의 책을 반복해서 읽게 하는 것이 최소의 비용으로 최대의 효과를 이룰 수 있는 영어교육법이 될 수 있다.

셋째, 3박자로 끊어서 리듬을 주어 읽어주라

어린이 영어에서 챈트(chant)라는 영어공부 기법이 있다. 챈트는 영어로 된 동요나 동화에 리듬을 넣어서 읽는 것이다. 이미 언급한 것처럼 영어에는 3박자의 리듬이 들어 있으므로 엄마가 3박자의 리듬을 이용하여 챈트로 읽어주면 아이들의 영어에 대한 흥미는 급증한다. 아이들이 스스로 영어책을 읽을 때에도 3박자의 리듬에 맞춘 끊어 읽기를 교재에 표시해 준다면 자녀들은 혼자서도 끊어 읽기를 통한 리듬 있는 영어읽기를 할 수 있을 것이다.

넷째, 미국식 발음과 악센트로 읽어주라

지구상의 언어에는 악센트가 강한 언어와 악센트가 약한 언어가 있다. 일반적으로 볼 때 영어와 중국어가 악센트가 강한 언어에 속하고 한국어와 일본어는 악센트가 약한 언어에 속한다. 그러므로 영어를 잘하려면 처음부터 미국식 발음과 악센트에 익숙해질 필요가 있다. 요즘에는 발음이 나오는 전자사전이 있고 영어책에도 원어민 발음 오디오가 포함된 것이 많으므로 그러한 자료를 이용하면 미국식 영어발음과 악센트에 큰 도움이 될 것이다.

다섯째, 읽어줄 때 아이들이 내용을 이해할 수 있도록 도와주라

말이나 글은 의미 전달을 위한 도구이다. 그러므로 만일 아이들이 이해할 수 없는 책을 일방적으로 읽어준다면 아이들이 거부감을 일으키는 것은 당연한 일이다. 그러므로 책을 읽어줄 때 엄마는 아이들이 내용을 이해하지 못할 때마다 살짝 살짝 단어의 의미를 아이들에게 알려주는 것이 필요하다. 아래 문장을 예로 들어보면.

The mother loves her baby.

위의 글을 읽어준 다음 mother가 "엄마" 라는 뜻이고, love가 "사랑한다" 라는 뜻이고, baby가 "아기" 라는 뜻임을 알려주면 아이들은 "The mother loves her baby." 를 해석해 주지 않아도 의미를 눈치 채게 된다. 모든 아이들에게는 타고난 언어적 감각이 있기 때문에 이런 식으로 몇 개의 단어만 알려주어도 아이들은 스스로 문장의 의미를 깨닫게 되며 영어 구사 능력이 향상하게 된다.

여섯째, 아이들 스스로 읽게 하라

엄마가 읽어주는 스토리텔링에 의해 아이들이 영어에 재미를 붙이게 되면 다음 단계에서는 아이들에게 알파벳을 가르쳐 주어 아이들 스스로 영어책을 읽도록 해야 한다. 이렇게 해서 아이들이 스스로 영어를 읽을 줄 알게 되면 그때부터는 아이들이 관심을 갖는 분야의 영어로 된 책들을 많이 사주어 언제든지 자기가 좋아하는 영어책을 읽을 수 있는 환경을 마련해 주면 된다. EBS "공부의 달인"의 주인공인 13살 서지원양

의 어머니는 아이를 영어학원에 보내는 대신 아이와 함께 서점에 가서 그가 원하는 영어책을 많이 사주었다고 말한다. 영어학원에서는 영어만 배우지만 영어로 된 원서를 많이 읽게 한다면 영어뿐만 아니라 많은 독서를 통해 다양한 전문지식을 습득하게 되고 인격까지 형성되는 일거양득의 효과를 가질 수 있다. 단순히 영어만 잘하는 것보다 다양한 많은 책을 읽은 아이들이 나중에 자기 분야에서 성공하게 될 가능성이 훨씬 더 크다는 것은 널리 알려진 사실이다.

⑦ 효과적 리스닝을 위한 팁

스토리텔링을 통해 아이들이 영어에 재미를 붙이고 영어에 눈이 열린다면 그 다음에 할 일은 아이들의 귀가 열리게 하는 일이다. 영어에서 듣기가 가장 어렵다고 생각하는 사람들이 있지만 그것은 30살 이상의 어른들에게 해당되는 사항이고, 어린아이들이나 청소년기의 학생들에게 있어서는 가장 쉬운 영어의 분야는 리스닝이다. 특히 엄마의 스토리텔링을 통해 영어가 익숙해진 아이들에게 리스닝은 쉽고 재미있는 놀이가 될 수 있다. 효과적인 리스닝을 위한 네 가지 팁을 살펴보면.

첫째, 흘려듣기

흘려듣기란 평상시에 아이들의 눈높이에 맞는 영어 오디오나 노래를 틀어서 아이들을 영어에 노출시켜 주는 것을 말한다. 흘려듣기를 하면 아이들은 다른 놀이를 하면서도 영어를 무의식중에 듣게 되고 자연스럽게 영어에 친숙해지는 효과가 있다.

둘째, 손가락으로 짚어가면서 듣기

영어 오디오를 들을 때 교재의 내용을 손가락으로 짚어가면서 들으면 영어 리스닝에 아주 효과적이다. 교재를 눈으로 하나하나 확인해 가면서 귀로 들을 때에 영어의 소리가 분명히 들리는 효과를 경험하게 될 것이다. 이것은 오른쪽 뇌를 이용한 영어듣기 방법으로 아이들이 부담 없이 영어를 쉽게 들을 수 있도록 도와준다.

셋째, 따라 읽으면서 듣기

이 방법을 가리켜 '셰도잉' 이라고 하는데 마치 그림자처럼 영어 오디오에 나오는 스피킹을 바짝 붙여서 따라 읽기 때문에 붙여진 이름이다. 많은 집중력이 요구되며 손가락으로 영어 본문을 짚어가면서 듣는 것보다는 힘든 방법이지만 꾸준히 하면 효과가 매우 좋은 리스닝 훈련 방법이다. EBS 공부의 달인에 출연했던 13살 서지원양이 매일같이 인터넷으로 했던 영어 리스닝이 바로 이 방법이다.

넷째, 받아쓰면서 듣기

흔히 '딕테이션' 이라고 알려진 이 방법은 영어 듣기에서 집중력과 끈질김이 가장 많이 요구되는 리스닝 훈련 방법이다. 그러나 몇 개월 동안 꾸준히 할 수만 있다면 가장 효과가 뛰어난 방법이기도 하다. 또한 단어 하나하나를 다 받아 써야하기 때문에 영어의 스펠링 훈련과 더불어 라이팅 훈련도 되는 일석 삼조의 방법이라고 할 수도 있다. 그러나 이 방법은 난이도가 높으므로 "짚어가면서 읽기" 와 "따라 읽기"를 통해 어느 정도 영어의 리스닝이 익숙해진 다음에 하는 것이 좋다.

⑧ 효과적 스피킹을 위한 팁

프리토킹만큼 효과적인 스피킹 훈련 방법은 없다. 그러나 국내에서 외국인과 프리토킹을 자주 한다는 것은 쉬운 일은 아니다. 요즘은 전화

영어를 통해 미국이나 필리핀에 있는 사람들과 프리토킹을 하는 스피킹 프로그램도 있지만 이것 역시 한계가 있다. 모르는 사람과 하루 10분 정도하는 영어 대화를 통해 스피킹 훈련이 되는 것은 쉬운 일이 아니기 때문이다. 그러므로 한국에서 영어 스피킹을 잘하려면 혼자서도 할 수 있는 훈련 방법이 필요하다.

영어 말하기(speaking) 훈련에서 중요한 것은 일상생활에서 많이 사용하는 쉬운 말을 반복적으로 하는 것이다. 입에서 말이 툭 튀어나올 정도가 될 때까지 반복 훈련을 해야 한다. 한국말을 할 때 생각을 하고 말하는 사람은 없다. 한국말을 할 때 생각 보다 말이 먼저 나오는 것처럼 영어의 말하기에서도 생각 보다 영어가 먼저 나올 정도가 되어야 한다. 영어로 무슨 말을 할까 생각하고 말을 한다면 아직 말하기 훈련이 덜 된 것이다. 영어의 스피킹 훈련의 팁은 "어려운 말보다는 쉬운 말을 많이 말하고, 일상생활에서 사용하는 말을 여러 번 반복하라"는 것이다. 오른쪽 뇌를 통해서 자기가 한 말이 무의식에 들어갈 때까지 무한 반복해서 말하는 훈련을 하다보면 어떤 상황에서 필요한 말이 자기도 모르게 영어로 툭 튀어나오게 될 것이다.

한국인이 영어 스피킹을 잘 하기 위한 네 가지 비결은,

첫째, 우리말을 영어로 바꾸는 훈련을 많이 해야 한다.

일상에서 많이 사용하는 우리말의 쉬운 표현들을 영어로 바꾸는 훈련을 해야 한다. 우리말로 된 영어의 쉬운 표현들을 영어로 바꾸는 연습을 반복해서 하되 오른쪽 뇌를 통해 무의식 속에 잠재될 때까지 훈련해야 한다. 이 책의 3단원에는 단순하면서 실생활에서 많이 사용하는 영어표현들을 1,000개 정도 모아놓았는데 이것부터 시작하면 좋다.

둘째, 3박자 끊어읽기를 사용해야 한다

말하기 훈련에서 3박자 끊어읽기는 아주 중요하다. 우리의 오른쪽 뇌가 3박자 리듬을 가장 쉽게 인식하기 때문에 영어를 말할 때에도 3박자 리듬에 따라 끊어읽기를 하면 훨씬 쉽게 영어문장을 말할 수 있다. I am a boy. 와 같은 3박자로 된 아주 단순한 문장을 많이 말하는 훈련을 하면 긴 문장은 자연스럽게 할 수 있게 된다. 어린아이들이 말을 배울 때 처음에는 아주 짧은 문장만을 말하다가 어느 순간에 긴 문장을 말하는 것과 원리가 같다. 이 책의 3단원에 나오는 말하기(speaking)훈련 연습문제들은 모두 끊어읽기를 해 놓았기 때문에 영어의 끊어읽기 훈련에 크게 유익할 것이다.

셋째, 가능하면 원어민 발음으로 훈련하라.

지방에서 태어난 아이들이 자기 고장의 사투리를 고치기가 어려운 것처럼 영어의 발음도 처음에 잘못 배우면 평생 고치는 것이 쉽지 않다. 그러므로 영어를 배울 때 처음부터 원어민 발음으로 훈련하고 정확한 악센트 훈련을 하는 것이 필요하다. 영어의 원어민 발음은 인터넷이나 시중에 나와 있는 영어 오디오 자료를 활용하면 좋다. 특히 EBS에서 나온 듣기(listening) 교재를 활용하면 큰 도움이 될 것이다. 발음도 원어민 식으로 훈련하는 것이 필요하지만 특히 영어 단어의 악센트를 정확하게 하는 훈련을 해야 한다. 발음보다도 악센트를 틀리게 말하면 미국인들은 우리가 말하는 영어를 잘 알아듣지 못한다.

넷째, 말하기 훈련을 반복적으로 해야 한다.

단순한 3박자 영어를 수십 내지 수백 번 반복해서 말하는 훈련을 해야 한다. 같은 말을 수십, 수 백 번 반복하다 보면 그 말이 오른쪽 뇌를 통해 무의식으로 들어가서 나도 모르는 새에 입에서 툭 튀어나오게 되는데 그 때까지 해야 한다. TV 코미디 프로에서 유행어를 만들 때 자꾸 반복해서 말하는 것과 같은 원리라고 보면 된다.

⑨ 효과적 라이팅을 위한 팁

영어전문가들은 한국인의 영어에서 가장 약한 부분은 쓰기(writing)라고 지적한다. 영어의 라이팅이 어려운 이유는 영어로 글을 쓰려면 정확한 문법적 지식이 필요하기 때문이다. 우리나라 사람들이 학교에 다니면서 영문법을 많이 배웠음에도 불구하고 라이팅을 잘 못하는 이유는 시험 중심의 문법만을 공부했기 때문이다. 영어의 라이팅을 잘 하려면 시험 중심의 문법(Grammar) 보다는 영어의 단어를 가지고 문장을 만드는 기술인 구문론(Syntax)을 배워야 한다. 구문론은 단어와 단어가 연결하여 문장이 만들어지는 말의 원리를 배우는 것이다. 미국의 학생들은 초등학교 때부터 구문론 중심의 문법을 배우는데 그것은 정확한 글쓰기를 훈련하기 위함이다. 다음의 세 가지가 영어의 라이팅을 잘 하는데 도움을 줄 것이다.

첫째, 구문의 원리를 이해하여야 한다

영어의 문법은 복잡하지만 구문의 원리는 의외로 단순하다. 지구상의 언어 중에서 영어는 구문의 원리가 가장 쉽고 단순한 언어에 속한다. 그러므로 구문론을 중심으로 영어를 공부하면 영어실력이 빨리 늘고 특히 라이팅에 큰 도움이 된다. 이 책의 2단원에서는 영어구문의 원리를 집중적으로 다루고 있으므로 영어의 구문의 원리를 이해하는데 큰 도움이 될 것이다.

둘째, 3박자의 기본문장부터 시작하라

영어구문의 기본원리는 3박자 문장에서 시작한다. 그리고 그 뒤에 필요한 말들이 접속어를 통해 덧붙여지는 형식을 띤다. 그러므로 영어의 3박자 기본구문과 그것에 연결되는 말의 원리만 이해하면 영어를 생각보다 쉽게 배울 수 있다. 이 책의 2단원에 나오는 10가지 정도의 영어의 원리를 습득한다면 영어의 독해는 물론 말하기나 읽기, 쓰기에도 크게 유익할 것이다.

셋째, 일기나 독후감을 자주 쓰라

영어 라이팅을 위한 가장 좋은 방법 중의 하나는 영어일기를 쓰거나 독후감을 쓰는 것이다. 하루에 단 몇 줄이라도 영어일기를 쓴다면 몇 달 후에는 내가 쓰려고 하는 말은 자유롭게 쓸 수 있는 영어실력이 될 수 있다. 일기보다 더 차원 높은 글쓰기를 하려면 영어 독후감을 쓰는 것이 좋다. 초등학교나 중학교 때부터 영어로 된 책을 많이 읽고 그것을 자신의 생각으로 소화해서 에세이 형식의 글로 쓰는 훈련을 많이 한다면 더할 나위 없이 좋다. 특히 미국이나 영국과 같은 영어권 국가의 대학에 유학을 꿈꾸는 학생들은 문법에 맞는 글쓰기 훈련과 더불어 에세이로서의 글쓰기 훈련을 꾸준히 한다면 나중에 미국 대학에서 공부할 때에 큰 도움이 될 것이다.

010
한국에서 배우는 미국식 영어발음

네이티브 영어발음 과연 중요한가

한국 사람들은 영어공부에서 유독 발음을 중요시 한다. 그래서 원어민처럼 혀를 굴려가면서 영어를 발음하면 영어를 잘 한다고 생각하고 한국식 발음으로 하면 영어를 잘 못한다고 생각한다. 그러나 반기문 유엔사무총장의 예에서 살펴보았듯이 정작 미국 사람들은 발음이 좋아야 영어를 잘한다고 생각하지는 않는다. 왜냐하면 미국이라는 나라는 단일민족으로 형성된 국가가 아니라 세계 여러 나라 사람들이 함께 모여서 사는 일종의 연합국가(United States)이므로 미국 내에서 조차도 인종이나 민족에 따라 영어의 발음이나 액센트가 다르기 때문이다. 뿐만 아니라 미국은 우리나라의 수십 배가 되는 엄청나게 큰 땅 덩어리를 가진 나라이므로 미국 대륙의 동서남북에 사는 사람들의 영어 발음이 모두 다르다. 그리고 미국의 원조 격인 영국 영어와 미국 영어의 발음이 다르고, 또한 영국의 식민지였던 호주 영어와 미국의 식민지였던 필리핀 영어의 발음이 다르다. 이처럼 같은 영어를 말하는 사람들끼리도 서로 다른 발음으로 말을 하지만 서로 간의 의사소통에서는 별 문제는 없다. 이것은 마치 우리나라의 서울말과 경상도, 전라도, 충청도 말이 다르고 심지어 북한의 함경도나 평안도 말의 발음이 다르지만 의사소통에는 큰 문제가 없는 것과도 같다. 그러므로 영어를 배울 때는 원어민 발음을 할 수 있다면 더할 나위 없이 좋지만 그렇게 못한다고 해서 기죽을 필요는 없다. 이 세상에 있는 영어 사용자 중에는 원어민 발음을 하는 사람보다는 그렇지 못한 사람들이 더 많기 때문이다.

그럼에도 영어 발음이 중요한 이유

그럼에도 불구하고 영어 공부를 할 때 발음 공부를 신경 써서 해야 할 이유가 있다. 그것은 틀린 영어발음으로 인해 미국사람들이 우리가 하는 영어를 알아듣지 못하는 경우가 종종 발생하기 때문이다. 내가 문법적으로 정확하게 영어를 말했는데 미국 사람들이 무슨 말인지 못 알아듣겠다고 어리둥절한 표정을 짓는다면 얼마나 당황스럽겠는가? 나는 미국에서 공부할 때 이런 일을 여러 번 경험하였다. 내가 아주 쉬운 말을 영어로 했는데 상대방이 전혀 알아듣지 못하는 것이었다. 그 이유는 한국말에 없는 몇 가지 영어 발음 때문이었다. 그 중에서도 영어의 L 발음과 R 발음은 한국인에게 까다로운 발음이다. 특히 L과 R이 한꺼번에 들어있는 단어를 한국인들이 발음하기란 쉽지가 않다. 이런 발음들을 한국식으로 발음하면 미국사람들이 잘 알아듣지 못한다.

L 발음과 R 발음 하는 법

영어의 L 발음과 R 발음은 우리말의 ㄹ 발음으로 표현할 수 있지만 우리말의 ㄹ 발음과는 혀의 위치가 완전히 다르다. 다음 그림에서 보듯이 우리말의 ㄹ 발음은 혀의 위치가 입천장의 중간 부분에 위치하면서 "리을"이라는 소리가 난다.

그러나 영어의 L 발음은 혀의 위치가 앞니 위에 위치하며 "에얼"이라는 소리가 난다.

반면에 영어의 R 발음은 혀의 위치가 입 안쪽으로 말려 들어가면서 "아알r" 이라는 소리가 난다.

그러므로 영어의 R 발음과 L 발음을 할 때에는 혀의 위치를 분명히 하는 것이 중요하다. 특히 한 단어에 R 발음과 L 발음이 모두 들어있을

때에는 이 두 발음을 동시에 해야 하는 어려움이 있다. 예를 들면 world라는 발음을 할 때 "월드"라고 하면 안 되고 "워어r" 하면서 혀를 안으로 밀어넣었다가 "어얼들" 하면서 혀를 앞니 위쪽 까지 빼내야 한다. 그래서 "워어r얼드"라고 해야 한다.

world
워어r얼드

그리고 영어에서 자주 사용하는 단어인 girl은 "걸"이라고 하면 안 되고, "그어r"라고 하면서 혀를 안으로 밀어넣었다가 "어얼"라고 하면서 혀를 앞니 위까지 빼내야 한다. 그래서 "그어r뤄얼"과 같은 우리말로 발음을 표기하기 어려운 2음절의 발음이 난다.

girl
그어r뤄얼

또한 learn처럼 L 발음이 먼저 오고 R 발음이 다음에 오는 단어도 발음을 유의해야 한다. "러어" 하면서 혀를 앞니까지 빼냈다가 "어r언" 하면서 혀를 구부려서 입 안쪽으로 밀어 넣어야 한다. 그래야 "러어r언"이라는 발음이 난다.

learn
러어r언

이처럼 R이나 L이 들어있는 발음을 한국인들이 하는 것은 쉬운 일은 아니지만 혀의 위치를 가지고 연습을 많이 하면 불가능한 일은 아니다. 한국인이 원어민 발음을 할 수 있느냐 없느냐 하는 것은 R과 L 발음을 어떻게 하는가에 따라 결정 된다고 보아도 과언이 아니므로 많은 훈련을 통해 이 두 발음이 자연스럽게 나오도록 해야 한다.

F 발음과 V 발음 하는 법

영어의 F 발음과 V 발음도 한국인들이 신경을 써야 하는 발음이다. F는 P 발음과 구별해야 하며 V는 B 발음과 구별해야 한다. 우리말에서 F와 P는 모두 ㅍ 으로 표기할 수 있지만 우리말의 ㅍ 은 영어의 P와 비슷하다. 그러므로 영어의 P는 우리말의 ㅍ 발음하듯이 위 아래 입술을 붙였다가 살짝 떼면서 "피"라고 하면 된다. 그러나 F는 윗니로 아래 입술을 살짝 긁듯이 하면서 "엡쁘ㅎ"라고 발음해야 하는데 우리말의 ㅃㅎ 에 가까운 소리가 난다. 그러므로 paper는 "페이퍼r"라고 발음하면 되고, father는 "빠더ㅎr"라고 윗니로 아랫입술을 살짝 긁듯이 하면서 발음하면 된다.

paper   father
페이퍼r   빠더ㅎ

B와 V도 마찬가지이다. 두 발음 모두 우리말로는 ㅂ 으로 표기되지만 우리말의 ㅂ 에 가까운 영어 발음은 B이다. B는 우리말 ㅂ처럼 윗입술과 아랫입술을 붙였다가 떼어내면서 "비"라고 발음하면 된다. 단지

영어의 B가 우리말의 ㅂ 보다는 조금 소리가 강하면서 유성음이기 때문에 울림이 조금 있다는 것만 조심하면 된다. 반면에 V는 윗니로 아랫입술을 살짝 긁으면서 "뷔" 라고 발음해야 한다. 그러므로 boy는 "보이" 라고 발음하면 되고 violin은 "봐이얼린" 이라고 발음하면 된다.

boy   violin
보이   봐이얼린

Th 발음과 Z 발음 하는 법

영어의 th 발음과 z 발음 역시 한국인에게 까다로운 발음이다. th발음은 우리말의 ㄷ 과 비슷하다. 우리말의 ㄷ 발음은 윗니 안쪽에 혀를 위치했다가 떼어내면서 발음하지만 영어의 th 는 혀를 윗니에 살짝 얹었다가 떼면서 ㄷㅎ 발음이 난다. 그러므로 영어의 mother는 "머더ㅎr" 로 발음해야 한다. 입술을 살짝 벌리면서 "머" 라고 발음 한 후에 혀를 윗니에 얹었다가 살짝 떼면서 "더ㅎ" 해야 하고, 마지막으로 혀를 안쪽으로 살짝 밀어 넣으면서 r 발음을 해주어야 한다. 이처럼 영어에서는 우리말에서 발음하기 어려운 발음들이 겹쳐서 나올 때가 많으므로 신경을 써서 발음 연습을 해야 한다.

mother
머더ㅎr

영어의 Z 발음은 한국인이 가장 어려운 발음 중의 하나이다. 한국인들은 알파벳을 외울 때에 Z 발음을 "제트"라고 소리 낸다. 그래서 옛날에 유명했던 가슴에 Z 글자를 새긴 만화영화 로보트 캐릭터는 "마징거 제트"라고 불렀다. 그러나 미국인들은 Z 발음을 "제트"라고 하지 않고 "지이"라고 발음한다. 그런데 이 발음이 우리말의 "지이"와 완전히 다르다. 우리말 "지이"는 윗니와 아랫니가 벌어진 상태에서 발음되지만 영어의 "지이"는 윗니와 아랫니가 붙은 상태에서 발음이 된다. 그러므로 영어의 Z 발음은 윗니와 아랫니가 붙은 상태에서 "지이" 하면 소리가 울리는 유성 발음이 된다. 영어의 얼룩말 zebra를 발음하면 "지이브뤄r"라고 하면 된다. 이 때 윗니와 아랫니를 붙였다가 살짝 떼면서 "지이"라고 발음하고 "브뤄r"하면서 혀를 입 안쪽으로 말아 넣으면서 r 발음을 하면 된다.

zebra
지이브뤄r

이와 같이 영어의 원어민 발음은 혀나 치아 그리고 입술을 어떻게 사용하는가가 중요하므로 많은 연습을 통해 발음이 익숙해지도록 해야 한다. 요즘에는 영어 발음이 나오는 전자 사전을 이용하면 원어민 발음을 쉽게 들어볼 수 있으므로 이러한 오디오 기기를 이용하면 영어발음 연습에 큰 도움이 될 것이다.

II

영문법 외우지말고 원리를 이해하라

Principle

011
주어와 동사 - 말의 기본

주어

모든 말은 주어로 시작한다. 의미의 표현인 말에는 의미의 주체가 있는데 그것이 바로 주어이다. 예를 들면.

<u>나는</u> 책을 읽었다.
<u>그 책은</u> 재미있다.

위의 두 문장에서 "나는"이라는 말과 "그 책은"이라는 말이 주어이다. 우리말이나 영어 모두 주어에서 시작한다. 위의 문장을 영어로 바꾸어보면,

<u>I</u> read a book.
<u>The book</u> is interesting.

위의 두 영문에서 I와 The book이 주어이다. 이처럼 모든 말은 주어에서 시작하므로 주어에 대해서 아는 것이 중요하다.

말에서 주어로 사용될 수 있는 것은 명사와 대명사이다. 명사는 이름이 있는 것을 말한다. 명사의 명(名)은 이름을 말한다. 그러므로 눈에 보이던, 보이지 않던 간에 이름을 가지고 있는 것은 모두 명사이다. 그

것이 유형이던 무형이던 관계가 없다. 예를 들면, 산, 하늘, 바다가 명사이고, 공기와 산소도 명사이다, 그리고 사랑과 꿈도 명사이다. 뿐만 아니라 철수와 영희와 같은 이름도 명사이다.

그렇다면 대명사란 무엇인가? 대명사는 명사를 대신하는 말이다. 대명사의 대(代)는 대신한다는 뜻이다. 세상에는 명사로 쓸 수 있는 것들이 엄청나게 많으며 또한 계속해서 새로운 명사가 만들어진다. 불과 몇 년 전만 해도 스마트폰이라는 말은 지구상에 존재하지 않았었다. 하지만 지금은 사람들이 가장 자주 사용하는 말 중의 하나가 되었다. 그러나 명사를 대신하는 대명사는 몇 개 되지 않는다. 사람을 주어로 하는 대명사에는 "나는(I), 너는(you), 그는(he), 그녀는(she)"이 있고, 사물을 주어로 하는 대명사에는 "그것은(it)"이 있다. 그리고 이들이 복수가 될 때에는 "우리는(We), 너희는(you), 그들은(they), 그것들은(they)"이 된다.

　　　　나는(I) / 우리는(We)
　　　　너는(You) / 너희는(You)
　　　　그는(He) / 그녀는(She) 그들은(They)
　　　　그것은(It) / 그것들은(They)

우리말과 영어에서 주어의 다른 점

우리말의 주어와 영어의 주어에는 차이가 있다. 우리말에는 명사나 대명사 다음에 주격조사(은, 는, 이, 가)를 넣어서 주어를 만들지만 영어에서는 조사가 없이 말의 순서만으로 주어를 만든다.

예를 들면 "이 나무는 아름답다"라는 말을 우리말과 영어로 비교해 보면,

<u>이 나무는</u> 아름답다.
<u>This tree</u> is beautiful.

위의 우리말에서는 나무라는 명사 뒤에 "는"이라는 주격조사가 붙어서 나무가 주어임을 알려주지만, 영어에서는 조사가 없이 단어의 순서만으로 주어가 결정된다. 위 영문에서 tree가 주어인 이유는 문장의 맨 앞에 있기 때문이다. 그러므로 우리말에서는 어순이 바뀌어도 의미가 통하지만 영어에서는 어순이 바뀌면 의미가 달라질 수 있다.

예를 들면 우리말에서는

<u>개는</u> 고양이를 싫어한다.
<u>고양이를</u> 개는 싫어한다.

이처럼 개와 고양이를 바꾸어 놓아도 의미가 같지만 영어에서는

<u>The dog</u> dislikes the cat.
　　개는　　싫어한다　고양이를

<u>The cat</u> dislikes the dog.
　　고양이는　싫어한다　　개를

위 문장에서처럼 dog과 cat의 위치가 바뀌면 완전히 다른 의미가 될 수 된다. 그러므로 우리말과 달리 영어에서는 주어가 문장의 순서상 맨 앞에 와야 한다.

주어 다음에 오는 동사

언어는 사람들 간에 의사전달이므로 모든 말에는 메시지가 있어야 한

다. 주어는 문장에서 맨 앞에 나오는 중요한 요소이지만 주어만 가지고 는 말이 형성 될 수 없다. 주어만 가지고는 의사전달이 될 수 없기 때문이다. 인간의 언어(language)가 의미 전달의 메시지가 되려면 최소한 주어와 동사가 있어야 한다. 주어와 동사가 있어야 메시지가 만들어지는 것은 우리말이나 영어 모두 마찬가지이다.
예를 들면,

    나는 공부한다.
    I study.

위 문장은 주어와 동사로 된 단순한 문장이지만 메시지를 가지고 있는 완전한 문장이다.

주어와 동사에서 우리말과 영어의 다른 점
의미 전달을 위한 말의 기본형태가 (주어+동사)로 이루어진다는 점은 우리말과 영어 모두 같다. 그러나 메시지의 내용이 길어져서 주어와 동사 외에 다른 요소들이 문장에 첨가될 때에는 주어와 동사의 구조적 관계는 우리말과 영어에서 서로 달라진다. 우리말에서는 문장이 길어지면 다른 요소들이 주어와 동사 사이에 끼어 들어와서 주어와 동사 사이가 점점 멀어진다. 그러나 영어에서는 문장이 길어질 때 다른 요소들이 주어와 동사 뒤에 위치하기 때문에 문장이 길어져도 주어와 동사는 항상 붙어있다. 예를 들면,

    나는 (학교에서 영어를) 공부한다.
    I study (English at school).

위에서 보듯이 우리말에서는 (학교에서 영어를)이라는 말이 주어와 동사 사이에 왔지만, 영문에서는 (English at school)이 주어와 동사 뒤에 왔다. 이처럼 문장이 길어질 때 주어와 동사의 위치가 달라지는 것 때문에 한국인은 영어를 배우는데 많은 어려움을 갖는다. 한국인이 외국인과 영어로 말을 할 때 짧은 말은 쉽게 알아듣지만 긴 문장의 말은 잘 알아듣지 못하는 이유는 어순 상 동사의 위치가 달라지기 때문이다. 그러므로 한국인이 영어를 잘 하려면 주어 다음에 곧바로 동사가 오는 영어식 어순에 익숙해질 필요가 있다.

영어에서 주어 다음에 오는 동사의 2가지 유형

영어에서 주어 다음에 오는 동사의 유형에는 2가지가 있다. 일반동사와 존재동사이다. 원래 동사라 함은 움직이는 것을 말한다. 동사의 동(動)은 움직인다는 말이다. 그런데 동사 중에는 움직임이 아니라 존재하는 상태를 나타내는 동사가 있다. 이런 동사를 가리켜 '존재동사' 라고 부른다. 그러므로 동사를 크게 둘로 분류하면 움직임을 나타내는 '일반동사' 와 움직임이 아닌 존재를 나타내는 '존재동사' 로 구분이 된다. 이것은 영어뿐만 아니라 우리말도 마찬가지이다.

우리말에서 예를 들어 보면,

나는 집에 있다.
나는 공부한다.

위에서 "있다" 라는 동사는 존재하고 있는 것을 나타내는 동사인 반면에 "공부한다" 는 움직임을 나타내는 동사이다.

이것을 영어로 바꾸어 보면,

  I / am / at home.
     나는 있다   집에

  I / study.
     나는 공부한다

 am은 존재를 나타내는 동사이고 study는 동작을 나타내는 동사이다. 영문법에서는 am과 같이 존재를 나타내는 동사를 가리켜 〈be동사〉라고 부른다.

영어의 be동사

 영어에서는 be동사가 중요한데 그 이유는 일반동사는 수백 개가 넘지만 be동사는 하나 밖에 없기 때문이다. 하나 밖에 없는 be동사이지만 영어에서 가장 많이 사용되는 동사이기 때문에 영어를 배울 때에 be동사에 대한 분명한 이해가 필요하다.

 영어에서 be동사는 주어의 인칭에 따라 그 형태가 달라진다.

  나는 있다.(I am.)
  너는 있다.(You are.)

 위에서처럼 1인칭 단수로 된 주어에서는 be동사를 am 을 사용하고 2인칭 단수로 된 주어에서는 be동사를 are 를 사용한다. 그리고 3인칭 단수에서는 아래에서처럼 is 를 사용한다.

  그는 있다.(He is.) / 그녀는 있다.(She is.)
  그것은 있다.(It is.) / 그 나무는 있다.(The tree is.)

 그렇다면 영어에서 복수로 된 주어의 be동사는 어떤 형태를 가질까?

우리는 있다.(We are.)

너희는 있다.(You are.)

그들은 있다.(They are.)

그 나무들은 있다.(The trees are.)

위에서 보듯이 복수로 된 명사들은 모두 be동사를 are를 사용한다. 그렇다면 과거형 be동사들은 어떨까?

나는 있었다.(I was.)

너는 있었다.(You were.)

그는 있었다.(He was.) / 그녀는 있었다.(She was.)

그것은 있었다.(It was.) / 그 나무는 있었다.(The tree was.)

단수로 된 과거형 be동사에서는 1인칭과 3인칭은 was, 2인칭은 were를 사용하는 반면에 복수로 된 과거형 be동사는 모두 were를 사용한다.

우리는 있었다.(We were.)

너희는 있었다.(You were.)

그들은 있었다.(They were.)

그 나무들은 있었다.(The trees were.)

영어의 be동사가 주어에 따라 달라지는 것은 처음 영어를 공부하는 사람들에게는 복잡하고 어렵게 느껴질 수도 있다 그래서 be동사의 변화를 외우려고 애를 쓴다. 물론 be동사의 변화를 따로 외우는 것도 나쁜 방법은 아니다 그러나 영어를 공부하다보면 be동사는 자주 나오기 때문에 따로 외우지 않아도 저절로 알게 될 것이다.

우리말과 영어의 be동사의 다른 점

be동사의 사용에 있어서 우리말과 영어의 다른 점은 우리말에서는 be동사의 개념이 분명하지 않은 반면에 영어에서는 be동사의 개념이 분명하다는 것이다. 예를 들면,

나는 학생<u>이다</u>.
I <u>am</u> a student.

위의 우리말에서는 학생이라는 명사 뒤에 "이다" 라는 말이 마치 접미어처럼 붙어있다. 그러나 영어에서 am 이라는 be동사는 주어 다음에 독립적으로 사용되고 있다. 그러므로 영어의 I am a student. 를 우리말로 직역하면,

I / am / a student.
나는　있다　　학생으로

"나는/(존재하고) 있다/학생으로" 라는 말이 된다.

이처럼 영어에서 be동사는 주어의 정체성을 나타내면서 독립적인 의미를 가지고 있는 동사이다. 한국인은 전통적으로 자신의 존재를 드러내지 않고 숨기는 것이 미덕이므로 한국어에서 be동사는 명사 뒤에 숨겨져 있다. 그러나 영어권 문화에서는 자신의 정체성을 드러내는 것을 중요하게 생각하므로 be동사가 주어 다음에 당당하게 하나의 독립적인 말로 오는 것이다. 그러므로 한국어의 습성에 따라 영어의 be동사를 이해하면 영어공부에 많은 어려움이 올 수 있다.

012
주어와 동사 뒤에 오는 말 - 목적어와 보어

영어에서 주어와 동사만 가지고도 의미 형성은 되지만 완전한 의미의 문장이 되려면 동사 뒤에 동사의 행동을 받는 말이 있어야 한다.
be동사가 있는 문장을 예로 들어 설명해 보자.

        I / am. -->   I / am / a student.
        나는 존재한다.   나는 존재한다 학생으로.

위 영문에서 I am.은 "나는 존재한다." 라는 의미가 된다. 이것만 가지고도 말은 되지만 의미상에서 무언가 불완전하다. 그러므로 be동사 뒤에 내가 무엇으로 존재하는지를 보충 설명해주는 말이 있어야 완전한 문장이 된다. 위 문장에서처럼 뒤에 a student가 오면 "나는 존재한다 학생으로." 라는 분명한 의미의 말이 된다.
위에서처럼 be동사 뒤에 위치하면서 주어에 대한 보충설명을 하는 말을 가리켜 영문법에서는 〈보어〉라고 부른다. 이처럼 be동사 뒤에는 〈보어〉가 온다는 사실이 중요하다.
이번에는 일반동사가 있는 문장을 예로 들어보자.

        I / study. -->   I / study / English.
        나는 공부한다.   나는 공부한다 영어를

위 영문에서 I study. 만 가지고도 말은 되지만 무언가 의미가 불완전하다. 그러므로 동사 뒤에 동사의 행동을 받는 말이 와야 문장의 의미가 더 완전해 진다. 위 문장에서는 study 다음에 English가 올 때 3박자의 완전한 의미의 문장이 된다.

위 문장에서처럼 일반동사 뒤에서 주어의 행동을 받는 말을 가리켜 영문법에서는 〈목적어〉라고 부른다. 이처럼 일반동사 뒤에는 〈목적어〉가 온다는 사실을 기억하라.

(주어+일반동사) 뒤에 오는 말 4가지

우리말에서 (주어+일반동사) 뒤에 오는 목적어에는 3부류가 있다.

① 나는 먹는다 <u>밥을</u>
② 나는 먹는다 <u>식당에서</u>
③ 나는 먹는다 <u>살려고</u>

위의 우리말 문장을 보면 "먹는다" 라는 동사 뒤에 ①번 문장은 "밥을" 이라는 목적어가 왔으며 ②번 문장은 "식당에서" 라는 장소를 나타내는 말이 목적어로 왔으며, ③번 문장은 "살려고" 라는 동사가 변형된 말이 목적어로 왔다. 그러나 영어에서는 (주어+일반동사) 뒤에 오는 목적어에는 4부류가 있다.

① I eat <u>a meal</u>.
② I eat <u>at a restaurant</u>.
③ I eat <u>to live</u>.
④ I stopped <u>eating</u>.

위의 영문을 보면 eat 라는 동사 뒤에 ① a meal 이라는 목적어가 왔으며 ② at a restaurant 라는 장소를 나타내는 목적어(전치사+명사)가 왔으며, ③ 동사가 변형된 목적어 to live(to부정사)가 왔으며, ④ 동사가 변형된 목적어 crying(동명사)가 왔다. 이처럼 영문에서 (주어+일반동사) 뒤에 오는 목적어의 형태가 4가지 유형이 온다는 사실을 기억하면 영어공부에 크게 유익할 것이다.

(1) 주어+일반동사+목적어

영어에서 (주어+일반동사)로 된 문장 뒤에는 일반적으로 명사로 된 목적어가 온다. 주어가 어떤 행동을 하는데 그 행동이 행해지는 대상이 무엇인가 하는 것이다. 그 대상이 바로 〈목적어〉이다.

① I / study / English.
   나는 공부한다 영어를

② He / eats / a meal.
   그는 먹는다 밥을

위에서 eat 뒤에 s 가 붙은 것은 주어가 3인칭 단수인 He 이기 때문이다. 영어에서는 3인칭 주어 뒤에 오는 일반동사에는 s 를 붙이는 것이 원칙이다.

She / eats / a meal.
  그녀는 먹는다 한 밥을

A dog / eats / a food.
  한 개가 먹는다 한 음식을

(2) 주어+일반동사+(전치사+목적어)

(주어+일반동사) 뒤에는 목적어가 오는 것이 일반적이지만 때로는 (전치사+목적어)가 올 때가 있다. 아래의 두 문장을 예로 들어보면,

① I / eat / a meal.
　나는　먹는다　밥을

② I / go / to school.
　나는　간다　학교에

위의 ①번 문장에서는 (주어+동사) 뒤에 목적어가 바로 왔지만 ②번 문장에서는 (주어+동사)와 목적어 사이에 전치사가 있다. 왜 ①번 문장에서는 I와 meal 사이에 전치사가 없지만 ②번 문장에서는 I 와 school 사이에 전치사 to가 있는 것일까? 그 이유는 ①에서 목적어 meal은 주어 I의 목전에 바로 있으므로 연결어가 필요 없지만, ②에서 목적어 school은 주어 I의 바로 앞에 있는 것이 아니기 때문에 주어 I와 목적어 school 사이를 연결해주는 방향의 전치사 to가 필요하다. 내가 먹는 밥은 내 눈 앞에 있지만, 내가 가는 학교는 내 눈 앞에 있는 것이 아니기 때문에 동사와 목적어 사이를 방향의 전치사 to로 연결한 것이다.

아래 2개의 영문을 보면 더 이해가 쉬울 것이다.

① I / enter / the room.
　나는　들어간다　그 방에

② I / sleep / in the room.
　나는　잠잔다　그 방에서

위의 ①에서는 동사 enter 와 목적어 the room 사이에 전치사가 없지만, ②에서는 동사 sleep과 the room 사이에 전치사 in 이 있다. 그 이

유는 내가 들어가는 방은 내 눈 앞에 있으므로 연결어가 필요 없지만 내가 잠을 자는 방은 내 눈 앞에 있는 것이 아니라 내가 방 안에 있는 것이므로 "안에"라는 장소의 전치사 in 을 동사와 목적어 사이의 연결어로 사용한 것이다.

(3) 주어+일반동사+(to부정사)

(주어+일반동사) 뒤에는 동사가 목적어로 오는 경우가 있다. 이때는 일반동사와 뒤에 오는 동사 사이를 to로 연결한다. 이를 가리켜 to부정사라고 하는데 to부정사는 (to+동사원형)으로 만들어진다. 예를 들면 "나는 먹기를 원한다"라는 우리말을 보면 "먹다"라는 동사와 "원한다"라는 동사가 연결되어 있다. 이것을 영어로 바꾸면 다음과 같다.

　　　　나는 / 원한다 / 먹기를
　　　　I / want / to eat.

(4) 주어+일반동사+(동사ing)

(주어+일반동사) 뒤에는 동명사(동사ing)가 목적어로 오는 경우가 있다. 동명사는 무언가를 하고 있는 것이 목적어로 올 때 주로 사용된다. 예를 들면 다음과 같다.

　　　　그 아기는 / 멈추었다 / 울기를
　　　　The baby / stopped / crying

영어에서 (주어+일반동사) 뒤에 올 수 있는 4가지 형태의 말을 정리해 보면 아래와 같다.

① 주어 + 일반동사 + (목적어)
② 주어 + 일반동사 + (전치사+목적어)
③ 주어 + 일반동사 + (to동사원형/to부정사)
④ 주어 + 일반동사 + (동사ing/동명사)

(주어+be동사) 뒤에 오는 말 5가지

(주어+be동사)의 형태로 된 구문 뒤에 오는 〈보어〉에는 5가지 유형이 있다. 이것은 우리말과 영어가 같으므로 먼저 우리말을 통해 (주어+be동사) 뒤에 오는 보어의 형태를 살펴보면 이해가 쉽다.

① 나는 있다 <u>학생으로</u> - 명사
② 나는 있다 <u>행복한(상태로)</u> - 형용사
③ 나는 있다 <u>집에</u> - 전치사구(전치사+명사)
④ 나는 있다 <u>공부하면서(능동)</u> - 현재분사(동사ing)
⑤ 나는 있다 <u>지루해져서(수동)</u> - 과거분사(동사ed)

우리말 문장을 보면 "있다" 라는 존재동사 뒤에 ① "학생으로" 라는 주어의 신분을 나타내는 말이 왔으며, ② "행복한" 이라는 주어의 상태를 나타내는 형용사가 왔으며, ③ "집에" 라는 주어가 있는 장소를 나타내는 말이 왔으며, ④ "공부하면서" 라는 주어가 현재 하고 있는 일(능동)이 왔으며, ⑤ "부서진" 이라는 주어에게 지금 되어져 있는 일(수동)이 왔다. 위 문장들을 영어로 바꾸어 보면.

① I <u>am</u> a student. - 명사
② I <u>am</u> happy. - 형용사

③ I am at home. - 전치사구(전치사+명사)

④ I am studying. - 현재분사/능동(동사ing)

⑤ I am bored. - 과거분사/수동(동사ed)

지금부터 영어의 (주어+be동사) 뒤에 위치하면 주어의 상태를 보충설명해 주는 〈보어〉의 유형들에 대해 좀 더 자세히 살펴보도록 하자.

(1) 주어+be동사+(신분이나 이름)
(주어+be동사) 다음에는 주어의 신분이나 이름을 나타내는 명사나 대명사가 보어로 올 수 있다. 예를 들면,

① I / am / a boy.
　나는　있다　소년으로

② You / are / John.
　너는　있다　존으로

위의 ①의 a boy는 주어 I의 신분을 나타내는 보어이며, ②의 John은 주어 You의 이름을 나타내는 보어이다.

(2) 주어+be동사+(주어의 상태)
(주어+be동사) 다음에는 주어의 상태를 나타내는 형용사가 보어로 올 수 있다.

① I / am / happy.
　나는　있다　행복한(상태로)

② You / are / smart.
　너는　있다　똑똑한(상태로)

위의 두 문장은 주어의 상태를 나타낸다. ①은 "나는 행복한(상태로) 있다"는 말이며, ②는 "나는 똑똑한(상태로) 있다."는 말이다. 영문에서는 주어가 사람이 아닐 때에도 (주어+be동사) 뒤에 형용사가 오는 경우가 많다.

① The chair / is / comfortable.
   그 의자는   있다   편안한 (상태로)

② The flowers / are / beautiful.
   그 꽃들은   있다   아름다운(상태로)

위의 ①은 의자가 편안하다는 말이며, ②는 꽃들이 아름답다는 말로서 모두 주어의 상태를 묘사하는 말들이다.

(3) 주어+be동사+〈주어의 위치〉

주어와 be동사 다음에 주어의 위치를 나타내는 말이 보어로 올 수 있다.

I / am / home.
나는 있다 집에

She / is / at school.
그녀는 있다   학교에

위에서 be동사 뒤에 나오는 home 과 at school 은 주어 I 와 She 가 위치하고 있는 장소를 나타내는 말이다. 이처럼 영어의 (주어+be동사) 다음에는 주어가 위치하고 있는 장소가 올 수 있다.

(4) 주어+be동사+(주어가 하고 있는 일)

주어와 be동사 다음에 주어가 하고 있는 일이 보어로 올 수 있다.

I / am / studying.
나는   있다   공부하면서

위에서 be동사 뒤에 나오는 studying은 주어 I가 현재 하고 있는 일을 나타내는 현재분사이다. 그러므로 영어의 (주어+be동사) 다음에는 주어가 하고 있는 일을 나타내는 현재분사(동사ing)가 올 수 있다. 현재분사는 동사에 ing를 붙여서 진행의 의미를 갖는 형용사가 된 것을 말한다. 그러므로 be동사 뒤에 현재분사(동사ing)가 오면 진행형 문장이 된다.

(5) 주어+be동사+(주어에게 행해져 있는 일)
주어와 be동사 다음에 주어에게 행해진 일을 나타내는 말이 올 수 있다.

My leg / is / broken.
내 다리는   있다   부러져

위에서 be동사 뒤에 나오는 broken은 주어 My leg에게 행해져 있는 일을 나타내는 과거분사이다. 그러므로 영어의 (주어+be동사) 다음에는 주어에게 행해진 일을 나타내는 과거분사(동사ed)가 온다. 이처럼 be동사 뒤에 과거분사(동사ed)가 온 문장을 가리켜 문법적으로 〈수동태〉라고 부른다.

지금까지 살펴 본 (주어+be동사) 뒤에 올 수 있는 영문의 5가지 형태를 정리해 보면 아래와 같다.

① 주어 + be동사 + (주어의 신분이나 이름)
② 주어 + be동사 + (주어의 상태)

③ 주어 + be동사 + (주어가 위치하고 있는 장소)
④ 주어 + be동사 + (주어가 하고 있는 일/동사ing) - 진행
⑤ 주어 + be동사 + (주어에게 행해져 있는 일/동사ed) - 수동

be동사 대신 사용되는 상태동사

영어에서는 be동사 대신 사용할 수 있는 동사가 있는데 이를 가리켜 〈상태동사〉라고 부른다. 상태동사는 주어의 상태를 나타내는 동사이므로 뒤에는 주어의 상태를 나타내는 형용사가 오는 것이 일반이다. 예를 들면,

① I / am / happy.
　나는　있다　행복한(상태로)

② I / become / happy.
　나는　되어있다　행복한(상태로)

①의 am이 존재하고 있는 상태를 말한다면 ②의 become은 A에서 B로 되어있는 상태를 말한다. am과 become 뒤에 상태를 나타내는 형용사가 오는 것은 이들 모두가 상태를 나타내는 동사이기 때문이다. 영어에서 주어가 어떤 상태를 그대로 유지하고 있거나 또는 다른 상태로 바뀐 것을 나타내는 동사는 모두 〈상태동사〉라고 보면 된다.

상태동사의 종류

영어에서는 상태동사로 쓰이는 동사들이 여러 개 있다.

I / become / a teacher. (선생의 신분이 되어 있는 것을 말함)
나는　되어있다　선생이

I / turn / happy. (행복한 상태로 변화되어 있는 것을 말함)
나는　변해있다　행복한(상태로)

I / grow / happy.   (행복한 상태로 자라나 있는 것을 말함)
나는 자라나있다 행복한(상태로)

I / keep / happy.   (행복한 상태를 간직하고 있는 것을 말함)
나는 간직하고 있다 행복한 (상태를)

I / maintain / happy.   (행복한 상태를 유지하고 있는 것을 말함)
나는 유지하고 있다 행복한 (상태를)

I / hold / happy.   (행복한 상태를 붙들고 있는 것을 말함)
나는 붙들고 있다 행복한 (상태를)

영어에서는 일반동사가 경우에 따라 상태동사로 쓰일 때도 있다. 이때는 주로 은유적 표현으로 사용된다.

I / go / happy.   (행복한 상태가 되기위해 가고 있는 것을 말함)
나는 간다   행복한 (상태로)

I / walk / happy.   (행복한 상태가 되기위해 걸어가고 있는 것을 말함)
나는 걸어간다   행복한 (상태로)

I / run / happy.   (행복한 상태로 되기위해 달려가고 있는 것을 말함)
나는 달려간다 행복한 (상태로)

위에서 동사 go나 walk나 run은 달려가는 행위를 말하는 것이 아니라 어떤 상태가 되기 위해 열심히 나아가고 있다는 은유적 표현이다. 그러므로 영어의 동사는 뒤에 부사가 오느냐 형용사가 오느냐에 따라 의미가 달라질 수 있다.

① I / walk / happily. (행복하게 걷고 있는 것을 의미함)
   나는 걷는다   행복하게

② I / walk / happy. (행복한 상태가 되기위해 나아가고 있다는 의미임)
   나는 걷고있다 행복한(상태로)

①은 실제로 걸어가고 있는 것을 나타내는데 "행복하게 걷고 있다"는 의미이다. ②는 실제로 걸어가는 것이 아니라 행복한 상태를 향해 나아가고 있다는 의미이다. ①의 walk는 진짜 걷는 것이고 ②의 walk는 행복해지기 위해 나아가고 있다는 은유적 표현이다.

be동사 대신 지각동사를 사용할 수 있다

영어에서 지각동사는 상태동사처럼 be동사 대신 사용된다. 지각동사란 느끼고(feel), 보이고(look, seem), 들리고(sound), 맛나고(taste), 냄새나고(smell) 하는 것처럼 내가 오감으로 느끼는 것을 말한다. 지각동사 역시 상태동사처럼 뒤에는 상태를 나타내는 형용사가 오는데 그 이유는 주어가 무언가를 지각하려고 애쓰는 것이 아니라 가만히 있어도 지각되어지는 상태를 나타내기 때문이다.

① She / is / happy. (지금 행복한 상태로 있다)
　그녀는　있다　행복한(상태로)

② She / feels / happy. (행복한 상태가 느껴진다)
　그녀는　느껴진다　행복한(상태가)

위 두 문장에서 be동사가 feel 동사로 바뀌면서 의미가 약간 달라지지만 둘 다 주어가 행복한 상태임을 나타내는 표현임에는 동일하다. ①은 행복하게 있는 상태를 말하고 ②는 행복한 것이 느껴지는 상태를 말한다. 다음 두 문장을 비교해 보면 지각동사에 대한 이해가 좀 더 쉬워질 것이다.

① She / lives / happily. (일반동사)
　그녀는　산다　행복하게

② She / feels / happy. (지각동사)
　그녀는　느껴진다　행복한(상태가)

위의 ①의 live는 일반동사이기 때문에 뒤에 부사 happily가 왔으며, ②의 feel은 지각동사이므로 뒤에 형용사 happy가 왔다. ①은 행복하게 사는 삶을 나타내므로 happily는 동사 lives를 수식하는 부사이며 ②는 행복하게 느껴지는 상태를 나타내므로 happy는 상태를 나타내는 형용사이다. 그러므로 위 문장에서 live는 〈동작동사〉로 쓰였고, feel은 〈상태동사〉로 쓰인 것이다.

지각동사의 종류

영어의 지각동사 중에는 우리말 번역에서는 같아 보이지만 서로 다른 의미를 가진 말이 있다.

① She / looks / happy.
　그녀는　보인다　행복한(상태로)

② She / seems / happy.
　그녀는　보인다　행복한(상태로)

위 두 영문은 우리말 번역에서는 같지만 영어에서의 의미는 다르다. ①의 look은 잘 보면 행복해 보인다는 의미이고 ②의 seem은 그냥 봐도 행복해 보인다는 의미이다. 그러므로 지각동사인 look과 seem을 상황에 따라 구별해 사용해야 한다.

우리말의 "냄새난다" "들린다" "맛이난다" 와 같은 지각동사 역시 상태를 나타내는 동사이므로 뒤에 형용사가 온다.

It / smells / good.
그것은 냄새가 난다　좋은(상태의)

It / sounds / good.
그것은 소리가 난다/좋은(상태의)

It / tastes / good.
그것은 맛이 난다 좋은(상태의)

　위의 smell(냄새난다), sound(소리난다), taste(맛이난다)라는 말은 그것 자체가 어떤 냄새나 소리나 맛을 내는 것이지만, 사실은 내가 느낄 때 그렇게 느껴진다는 말이다. 그러므로 다른 사람에게는 그것이 내가 느낀 것과 다르게 느껴질 수도 있다는 말이 된다. smell이나 sound나 taste가 지각동사인 것은 이 때문이다. 그러므로 smell이나 sound나 taste와 같은 지각동사가 올 때에는 뒤에는 그것의 상태를 나타내는 형용사가 와야 한다.

013
주어와 동사 사이에 오는 말 - 부사와 조동사

영어에서 주어와 동사 사이에 올 수 있는 말이 있다. 이들이 주어와 동사 사이에 오는 이유는 동사의 의미를 더하거나 도와주기 위함이다. 이처럼 주어와 동사 사이에 오면서 동사의 의미를 더해주거나 돕는 역할을 하는 말에는 〈부사〉와 〈조동사〉가 있다.

(1) 부사

우리말에서 〈부사〉라는 말의 〈부〉는 "첨부한다" 라는 의미이다. 영어에서 부사를 Adverb라고 하는데 이 말은 ad(더하다)라는 말과 verb(동사)의 합성어이다. 즉 부사는 동사 앞에 위치하면서 뒤에 오는 부사의 의미를 더해주는 말이다.

　　　　I / always / go / to school.
　　　　나는　항상　　간다　학교에

일반적으로 부사는 동사 앞에 오는 것이 원칙이지만 부사가 강조될 때는 문장의 앞에 오기도 한다.

　　　　Always / I / go / to school.
　　　　항상　　나는　간다　　학교에

또한 영어에서 시간과 관련된 부사는 문장의 맨 뒤에 오는 것이 일반적인 원칙이다. 시간을 나타내는 부사가 맨 뒤에 오는 이유는 듣는 사람이 잘 기억하도록 하게하기 위함이다. 문장에서는 맨 뒤에 오는 말이 사람들의 기억에 가장 잘 남기 때문이다. 시간과 관련된 부사 중에는 강조를 위해 문장의 맨 앞에 위치하는 말도 있다.

  I / go / to school / everyday.
  나는 간다 학교에   매일
  Sometimes / I / go / to school.
  때때로 나는 간다 학교에

이처럼 부사의 원래 위치는 주어와 동사 사이이지만 부사가 강조될 때에는 문장의 맨 뒤 또는 맨 앞에 올 수도 있음을 유념해야 한다.
 부사가 있는 문장의 끊어읽기는 주어와 부사를 한 묶음으로 하는 것이 좋다. 이렇게 하는 이유는 동사를 강조하기 위함이다. 영어의 읽기에서는 항상 동사를 강조해야 한다.

  나는 항상 / 간다 / 학교에
  I always / go / to school.

(2) 조동사

조동사란 동사를 보조하는 역할을 하는 동사이다. 조동사의 〈조〉는 보조한다는 의미이다. 영어에서 조동사를 Auxiliary Verb라고 하는데 Auxiliary는 "보조한다" 는 의미이다. 우리말에서는 조동사가 본동사 뒤에서 보조를 하지만 영어에서는 조동사가 본동사 앞에서 보조를 한다.

나는 공부할 수 있다.
I can study.

우리말에서는 조동사가 동사 뒤에 접미어처럼 붙어있지만 영어에서는 주어와 동사 사이에 독립적으로 존재한다. 영어의 끊어 읽기에서는 주어와 조동사를 하나로 묶은 후에 동사 앞에서 끊는 것이 좋다. 이렇게 하는 이유는 조동사와 동사를 구별함으로써 동사를 강조하기 위함이다.

I can / study / English.
나는 할수있다 공부하는것을 영어를

우리말이든 영어든 언어에서 동사는 의미전달의 핵심이다. 우리말에서는 조동사가 동사 뒤에 붙어있으므로 조동사가 동사보다 중요하게 부각될 일이 없지만, 영어에서는 조동사가 동사 앞에 있기 때문에 조동사와 동사를 붙여서 읽으면 동사보다 조동사가 더 부각될 수 있다. 그러므로 영어 읽기에는 주어와 조동사를 하나로 묶고 조동사와 동사 사이를 끊어 줌으로써 동사를 부각시켜 주어야 한다.

조동사 구문에서 또 하나 알아야 할 것은 조동사 뒤에는 동사원형이 온다는 점이다. 예를 들면,

He will / be / a good teacher.
그는 할 거다 있는 것을   좋은 선생으로

위 영문에서 조동사 will 다음에 be가 온 것은 조동사 뒤에는 동사원형이 오는 원칙 때문이다.

조동사의 종류

영어의 조동사는 여러 가지가 있지만 크게 2가지로 분류하면 "할 것이다"와 "할 수 있다"로 나눌 수 있다.

① ~ 할 것이다 - be going to, be+동사ing, will, would
② ~ 할 수 있다 - can, could, may, might

A. "~할 것이다" 의미를 갖는 4가지 조동사

(1) be going to / ~ 할 것이다(예정)

be going to 처럼 두 단어 이상 모여서 된 조동사를 가리켜 〈복합조동사〉라고 부른다. be going to 는 영어의 조동사 중에서 가장 빈번하게 사용되는 조동사 중의 하나이다. 용도는 "가까운 미래에 하기로 예정된 일"에 사용된다. be going to 와 같이 여러 단어가 모여서 만들어진 복합조동사의 끊어 읽기는 주어와 조동사를 한 묶음으로 하여 3박자 형태로 나누어야 한다.

① I am going to / watch TV / this evening.
   나는 할 예정이다   보는 것을 TV를   오늘 저녁에

② It is going to / rain / today.
   그것은 할 예정이다   비오는 것은   오늘은

위의 ①은 오늘 저녁에 TV를 볼 예정이라는 말이며, ②는 오늘 비가 오기로 일기예보에 예정되었다는 말이다.

회화체에서 be going to 는 줄임말로 사용되는 경우가 많다.

① I'm going to / watch / TV / this evening.
② It's going to / rain / today.

(2) be동사+동사ing / ~ 할 것이다(계획)

원래 be+동사ing는 진행 중에 있는 일을 나타내는 말이지만, 미래형으로 쓰일 때에는 "하기로 계획한 일"에 사용된다.

① Are you going to / eat / a meal / after while?
② Are you eating / a meal / after while?

위 문장은 모두 "너 밥 먹을 거니 / 잠시 후에?"라고 번역될 수 있지만 ①과 ② 는 뉘앙스가 다른 말이다. ①은 "밥 먹을 예정이니?"라는 의미이지만 ②는 "밥 먹을 계획이니?"라는 의미이다. 이처럼 영어에서는 (앞으로 하기로 예정된 일)과 (앞으로 하기로 계획한 일)에 따라 be going to와 be동사+ing를 적절히 사용해야 한다.

계획을 나타내는 (be+동사ing) 구문의 끊어읽기는 (주어+be+동사ing)를 하나로 묶어서 끊어읽기를 해야 의미가 잘 통한다.

Are you eating / a meal?
너는 먹을거야   밥을

Yes, / I am eating / a meal.
그래   나는 먹을 거야   밥을

(3) will / ~ 할 것이다(예측, 의지)

ⓐ **예측의 will**

일반적으로 will을 미래형 조동사로 생각하지만 사실 영어의 미래형 조동사는 will 보다 be going to가 더 많이 사용된다. 그 이유는 be going to는 미리 예정된 일에 사용되지만 will은 예측되는 일에 사용되기 때문이다. 미리 정해진 계획이나 습관에 따라 일어날 일은 be going to를 사용하고, 생각지 않게 발생하는 일에는 will을 사용한다.

① I'm going to / have a lunch / this afternoon.
　　나는　할 예정이다　점심식사를 먹는 것을　오늘 오후에

② I am not sure that / I will / have a lunch.
　　나는 확실하지 않다　　　　내가 할지　점심식사를 갖는 것을

①의 "내가 점심을 먹는 것"은 미리 예정된 일이지만, ②의 "내가 점심을 먹는 것"은 생각지 않게 발생할 수 있는 예측이 필요한 일이다. 영어의 be going to와 will 구문의 예를 하나 더 들어보면

① I'm going to / be late.
　　나는　할 예정이다　늦는 것을

② I will / be late.
　　나는 할거다　늦는 것을

위의 ① 과 ② 는 모두 "나는 늦을거야"라는 뜻이지만 조동사에 따라 의미가 달라진다. ①은 늦기로 마음먹고 늦는 것이고, ②는 뜻하지 않게 늦는 것이다. 영어를 말할 때 be going to와 will은 상황에 맞게 잘 사용하지 않으면 오해가 발생 할 수도 있으므로 조심해야 한다.

ⓑ 의지의 will

조동사 will은 무언가를 하고야 말겠다는 자신의 의지를 표현할 때도

쓰인다. 이 때 사용되는 will은 미래의 개념이 아니라 의지의 개념이다.

Ⓐ My work / is / very difficult.
　　나의 일은　있다　매우 어려운(상태로)

Ⓑ I will / help / you.
　나는 할거다　돕는 것을　당신을

위 문장은 Ⓐ가 자신의 일이 너무 어렵다고 하소연하니까 Ⓑ가 자기가 돕겠다는 의지를 표현하고 있는 말이다.
일반적으로 I think 다음에는 의지의 will이 사용된다.

I think (that) / I will / go home / tonight.
나는 생각한다　내가 할거라고　집에 가는 것을　오늘밤에

위 문장은 며칠 째 집에 못 들어간 사람이 오늘은 꼭 들어갈 거라는 말이다. 반면에 날마다 집에 들어가는 사람은 예정인 be going to를 사용해야 한다.

I'm going to / go / home.
나는 할 예정이다　가는 것을　집에

(4) would / ~ 할 것이다(가정)

일반적으로 would는 앞으로 일어날 일을 가정해서 말할 때 사용된다.

① I would / go there / tonight.
　나는 할거다　거기에 가는 것을　오늘밤에

② I don't know / how would / I live / in the future.
　　나는　　모른다　　　어떻게 할지　내가 사는 것을　　장래에

위 ①은 오늘 밤에 갈 것이지만 혹시 못 갈 수도 있음을 가정해서 하는 말이며, ② 역시 미래의 삶에 대한 불투명성을 가정해서 하는 말이다. 이처럼 조동사 would는 가정적인 문장에 주로 사용된다.

If I were / rich enough, / I would / buy / it.
만일 내가 있다면　충분히 부유하게　나는 할텐데　사는 것을　그것을

"내가 부자라면" 이 가정을 나타내는 말이므로 "내가 그것을 사는 것" 도 가정이 될 수밖에 없다. 그래서 가정의 조동사 would를 사용하였다.

(5) would + 현재완료

(would+현재완료)는 "~했었을텐데"로 과거 사실과 반대되는 가정을 나타낼 때 사용된다.

If I / had checked / the e-mail, / I would have /
만일 내가　　점검했었다면　　그 이메일을　　나는 했을 텐데

attended / the meeting.
참석한 것을　　그 회의에

would 다음에 (have+과거분사)가 온 것은 조동사 뒤에는 과거형이 올 수 없기 때문이다.

(6) would의 특별용법 / ~하곤 하였다

would가 과거의 불규칙적인 습관을 나타내는 조동사로 쓰일 때도 있다. 이것은 영문에서 의외로 많이 사용되는 would의 용법이다.

When I was a child, my grandmother would take care of me.
내가 어린아이였을 때   내 할머니는   하곤하였다 나를 돌봐주는 것을

B. "~할 수 있다(일 수 있다)" 의미를 갖는 조동사

영어에는 "~할 수 있다" 또는 "~일 수 있다" 라는 가능성을 나타내는 조동사가 있다.

(1) can / ~할 수 있다(가능성/능력)

조동사 can은 〈가능성이나 능력〉을 나타낼 때 사용되지만 영어에서는 능력보다 가능성에 더 많이 사용된다.

① I can / go / there.
나는 할수있다 가는 것을 거기에

② I can / play / the piano.
나는 할수있다 치는 것을 피아노를

위의 ①은 거기에 갈 가능성이 있다는 말이며 ②는 피아노를 칠 능력이 있다는 말이다.

(2) could have+과거분사 / ~할 수 있었다(과거의 가능성)

조동사 (could have+과거분사)는 과거에 일어날 가능성이 있었던 일을 나타낼 때 사용된다.

① I could have / gone / there.
　　나는 할 수 있었다　　가는 것을　　거기에

② I could have / played the piano / at the party.
　　나는 할 수 있었다　　피아노를 치는 것을　　그 파티에서

(3) may / ~할 수 있다(추측)

조동사 may는 추측을 나타낼 때 사용된다. be동사와 함께 사용될 때는 "있을 수 있다"로 번역되고 일반동사와 함께 사용될 때는 "~할 수 있다"로 번역된다.

① That may be / true.
　　그것은 있을 수 있다　진실한 것으로

② I may be / wrong.
　　나는 있을 수 있다　틀린 것으로

③ They may / win.
　　그들은 할 수 있다　이기는 것을

(4) might / ~할 수 있다(추측)

might는 〈추측〉을 나타내는 조동사로 may 보다 추측의 강도가 약할 때 사용된다.

① That may be / true.
　　그것은 있을 수 있다　사실인 것으로

② That might be / true.
　　그것은 있을 수 있다　사실인 것으로

위 두 문장을 비교해 보면 ①의 may보다 ②의 might가 추측의 강도

가 더 약하다. 그러므로 may 보다 might가 자기주장을 더 약하게 펴는 겸손한 표현이라고 할 수 있다. 영어에서는 추측을 할 때는 may 보다 might를 더 많이 사용한다.

>I might / play soccer / tomorrow.
>나는 할 수 있다 축구하는 것을   내일
>
>I might not / go / to school / tomorrow.
>나는 안 할 수도 있다 가는 것을 학교에   내일

(5) might have+과거분사 / 했을 수 있다(과거의 일 추측)

might 다음에 〈have+과거분사〉가 오면 과거에 일어났던 일을 추측하는 것이 된다.

>They might have / missed / their train.
>그들은 했을 수도 있었다 놓치는 것을   그들의 기차를

C. "~해야 한다" 라는 의미를 갖는 조동사

영어에는 "~해야 한다" 라는 조동사는 have to와 should와 must가 있으며 이들은 의미의 강도가 서로 다르다.

>① have to - 해야한다(강도1)
>② should - 당연히 해야 한다(강도2)
>③ must - 반드시 해야 한다(강도3)

그러므로 어떤 조동사를 사용하느냐에 따라 뉘앙스가 달라진다.

① You have to / go / there.
　　너는　해야 한다　가는 것을　거기에

② You should / go / there.
　　너는 당연히해야한다　가는것을　거기에

③ You must / go / there.
　　너는 반드시해야 한다　가는것을　거기에

위 세 예문을 보면 "가야 한다" 라고 상대방을 압박하는 강도가 ①이 가장 부드럽고, ②가 중간이고 ③이 가장 강하다. 영어에서 〈해야 한다〉는 말을 할 때 have to를 제일 많이 쓰는 이유는 이 때문이다.

그리고 have to와 should와 must의 부정형은 다음과 같다.

① have to – don't have to (하지 않아도 된다)

② should – should not (당연히 해서는 안 된다)

③ must – must not (절대로 해서는 안 된다)

그러므로 영어에서 "해서는 안 된다" 라는 말을 할 때는 상황에 따라 적당한 부정형을 사용해야 한다.

① You don't have to / go / there.
　　너는　하지 않아도 된다　가는 것을　거기에

② You should not / go / there.
　　너는 당연히 해서는 안 된다　가는 것을　거기에

③ You must not / go / there.
　　너는 절대로 해서는 안 된다　가는 것을　거기에

위 문장들에서는 조동사에 부정을 나타내는 not이 붙었으므로 주어와 조동사와 not이 한 묶음이 되면서 동사와 단락이 나뉘어졌다.

D. "차라리" 라는 의미를 갖는 조동사

영어에서 유감을 나타내는 "차라리" 라는 의미를 갖는 조동사는 have better와 would rather가 있는데 의미는 조금 다르다.

(1) had better / 차라리 더 낫다

복합조동사 had better는 〈~하는게 더 좋겠다〉라는 말로서 그렇게 하는 것이 최선의 방법이라는 의미이다.

>You'd better / go / to the doctor.
>너는 차라리 더 낫다 가는게   의사에게

You'd better는 You had better의 줄임말로서 영어에서는 대개 줄임말로 사용한다. had better 다음에 현재완료동사가 오면 "더 나았을 텐데" 라는 의미로서 지난 일에 대한 아쉬움에 쓰인다.

>You'd better have / gone / to the doctor.
>너는 차라리 더 나았을 텐데 갔더라면   의사에게

조동사 뒤에는 과거형동사가 올 수 없으므로 (have+과거분사)가 왔다.

(2) would rather / 차라리 하고 싶다

복합조동사 would rather는 "차라리 하고 싶다" 라는 말로써 비교급 접속사 than과 함께 사용된다.

>① I would rather / go skiing (tomorrow / than today).
> 나는 차라리 하고싶다 스키가는 것을   내일   오늘보다
>② I would rather / read books (than watch TV).
> 나는 차라리 하고싶다   책을 읽는 것을   TV를 보는 것보다

would rather의 과거형이 오면 "차라리 하고 싶었다" 라는 말이 된다. would rather는 복합조동사이므로 뒤에 과거동사가 올 수 없으므로 (have+과거분사)의 형태가 온다.

I would rather have / walked / than taken the bus.
나는   차라리 하고싶었다   걸어가는 것을   버스 타는 것보다

E. 과거를 회상할 때 사용하는 조동사 / used to

영어에서 과거를 회상할 때 사용하는 조동사에는 복합조동사인 used to가 있다. 복합조동사 used to는 과거의 지속적인 행동이나 상태를 회상할 때 사용된다.

① I used to / live / in Pusan.
  나는 했었다 사는 것을 부산에

② My father used to / be / a teacher.
  우리 아버지는 했었다 있는 것을 선생으로

used to의 부정문은 과거의 의미를 가진 복합조동사이므로 use to 앞에 did not 을 붙이며, 의미는 "하지 않았었다" 가 된다.

I / did not used to / live / in Pusan.
나는   하지 않았었다   사는 것을 부산에

used to의 의문문은 Did you use to를 사용하면 되고, 의미는 "당신은 했었느냐" 가 된다.

Did you used to / live / in Pusan.
당신은 했었느냐   사는 것을   부산에

F. 요청이나 정중한 요청에 사용되는 조동사

조동사 may, can은 일반적인 요청에 사용되며, could 와 would 는 정중한 요청에 사용된다.

(1) May I / 내가 해도 될까?

May I / come in?
내가 해도 될까요 들어가는 것을

(2) Can I / 내가 할 수 있을까?

Can I / come in?
내가 할 수 있을까 들어가는 것을

(3) Can you / 너는 할 수 있는가?

Can you / come in?
당신은 할 수 있는가 들어오는 것을

(4) Could you / 당신은 하실 수 있나요?

Could you / come in?
당신은 하실 수 있나요 들어오는 것을

(5) Would you like / 당신은 하고 싶나요?

 ① Would you like / a coffee?
   당신은 하고 싶나요   커피를

 ② Would you like / to drink / some coffee?
   당신은 하고 싶나요 마시는 것을 약간의 커피를

(6) Would you mind / 신경이 쓰이나요?

 ① Would you mind / opening the window?
   당신은 신경이 쓰이나요 여는 것을 창문을

 ② Would you mind / if I read / a book / here?
   당신은 신경이 쓰이나요 만일 내가 읽는다면 책을 여기서

 Would you mind는 "당신은 신경이 쓰이나요?" 라고 상대방의 눈치를 보면서 조심스럽게 물어보거나 상대방의 허락을 구하는 표현이다. 위의 ①에서 창문을 여는 것의 주어는 you이므로 "당신이 창문을 여는 게 신경이 쓰입니까?라고 상대방의 눈치를 살피면서 창문을 열어줄 것을 조심스럽게 부탁을 하는 말이며, ②에서 책을 읽는 것의 주어는 I 이므로 "만일 내가 책을 여기서 읽는다면 신경이 쓰입니까?" 라고 상대방의 눈치를 보면서 조심스럽게 허락을 구하는 말이다. 이러한 상대방의 조심스런 부탁을 받아들일 때는 "No, I don't mind" (아니요, 신경이 쓰이지 않습니다)라고 답변하면 된다.

G. 조동사처럼 사용되는 복합동사

 영어에는 조동사처럼 사용되는 복합동사들이 여러 개 있다. 이러한 복

합동사들은 문장의 구조에서 조동사처럼 여기는 것이 해석에 편리하다.

(1) be able to / 할 수 있다(능력)

    I am able to / buy / this house.
    나는 할 수 있다 사는 것을 이 집을

(2) be supposed to / 하기로 되어있다(예정)

    We are supposed to / meet / at seven.
    우리는 하기로 되어있다 만나는 것을 7시에

(3) be about to / 막 하려던 참이다

    I am about to / start / now.
    나는 막 하려던 참이다 출발하는 것을 지금

(4) would like / ~ 하고 싶다

    I would like / a coffee.
    나는 하고 싶다 커피를

    I would like / to drink / a coffee.
    나는 하고 싶다 마시는 것을 커피를

014
과거동사와 완료동사 - 불규칙동사

과거시제와 현재완료시제

영어에서 과거시제는 과거의 어느 시점에 발생했던 일을 나타내는 동사이다. 예를 들면, "나는 어제 집에서 일했다."에서 〈일했다〉가 과거시제이다.

　　　I / worked / at home / yesterday.
　　　나는　일했다　　집에서　　　어제

위에서 동사 worked가 과거동사이다. 그러나 완료동사(have worked)로 바뀌면 의미가 달라진다.

　　　I / have worked / at home / since yesterday.
　　　나는　일해왔다　　　집에서　　　어제부터

과거동사와 현재완료동사의 차이는 "과거동사는 과거에 일어났지만 과거에 끝난 것"을 말하며 "현재완료동사는 과거에 일어났던 일을 지금까지 가지고(have) 있는 것"을 말한다.
예를 들면,

　　　① I / closed / the door.
　　　　나는　닫았다　　그 문을

② I / have closed / the door.
　　나는　갖고있다 닫은 것을　　그 문을

　위 ①과 ②는 모두 "나는 문을 닫았다"로 번역될 수 있지만 의미는 서로 다르다.
　①은 "나는 (과거에) 문을 닫았다" 라는 의미 – 과거 시점에 초점
　②는 "나는 (과거에) 문을 닫았는데 (지금도 그 문이 닫혀있다)" 라는 의미 – 현재의 상태에 초점

　과거동사와 현재완료동사의 차이를 도해로 살펴보면,

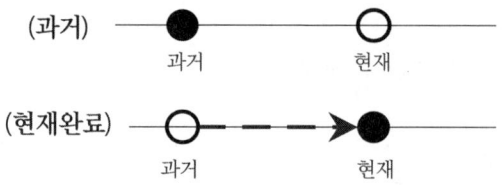

　위 도해에서 보듯이 〈과거동사〉는 과거에 발생한 일이 현재에 영향을 미치지 않지만 〈현재완료〉는 과거에 발생한 일이 현재에 영향을 미치고 있다. 또한 〈과거동사〉는 과거에 일어난 행동에 초점을 맞추지만, 〈현재완료〉는 과거에 발생한 일의 현재 상태에 초점을 맞춘다.
　예를 들면 "너 점심 먹었니?" 라는 질문에 대한 답변 중에서

① Yes, / I / ate / dinner.
　그래　나는　먹었다　저녁을

② Yes, / I / have eaten / dinner.
　그래　나는 먹은 것을 갖고있다　저녁을

　①은 "그래, 나는 점심 먹었어." 라는 의미이고

②는 "그래, 나는 점심 먹은 것을 갖고 있어.(그래서 지금은 배불러)" 라는 의미이다.

"너 저녁 먹었니?" 라는 질문에 미국 사람들은 ①번보다 ②번 답변을 많이 하는 이유는 이 때문이다. 그러나 한국말에는 완료동사의 개념이 없으므로 한국인이 영어를 배울 때에는 완료시제에 대한 적극적인 훈련이 필요하다.

과거시제 만드는 법
영어의 과거시제는 동사에 ed를 붙여서 만드는 것이 원칙이다.

① work - work<u>ed</u>
② help - help<u>ed</u>

그러나 이러한 원칙에서 약간 벗어나는 경우도 있다.

① love - lov<u>ed</u>
② play - play<u>ed</u>
③ study - stud<u>ied</u>

①처럼 동사가 -e로 끝날 때는 d만 붙이고
②처럼 동사가 (모음+y)로 끝나면 ed를 붙이고
③처럼 동사가 (자음+y)로 끝나면 y를 i로 고치고 ed를 붙인다.

뿐만 아니라 과거동사의 형태가 완전히 바뀌는 불규칙변형도 있다. 예를 들면,

① have - had
② eat - ate
③ go - went

영어에는 동사의 과거형태가 불규칙으로 변하는 동사는 약 100개 정도 된다. 대부분 사용 빈도수가 높은 동사들이므로 꼭 외워야 한다. 불규칙변형 동사에 대해서는 다음에 살펴볼 것이다.

현재완료시제 만드는 법
영어의 현재완료시제는 〈have + 과거분사〉의 형태를 띤다.

① work - have worked
② help - have helped

① I <u>have worked</u> at home.
　　have+과거분사

② I <u>have helped</u> my mother.
　　have+과거분사

현재완료동사에는 불규칙 과거분사가 사용되기도 한다.

① I <u>have eaten</u> dinner.
　　have+과거분사

② She <u>has gone</u>.
　　have+과거분사

현재완료에 자주 사용되는 부사

현재완료는 과거에 일어난 일이 현재에 영향을 미치는 특성 때문에 특별히 함께 사용되는 부사들이 있다 : just, already, yet, ever

　Where is John?　존은 어디에 있니?
　① He's just left.　그는 방금 떠났어요.(그래서 지금 없어요)
　② He's already left. 그는 이미 떠났어요.(그래서 지금 없어요)
　③ He's not left yet. 그는 아직 안 떠났어요.(그래서 지금 있어요)

위에서 He's는 He has의 줄임말이다. 그리고 부사 yet는 부정문과 의문문에서 사용된다. 또한 완료구문에서 ever나 never를 사용하여 강조를 할 때도 있다.

　① Have you ever played golf? 너는 골프를 쳐 본 적이 있니?
　② No, I have never played golf. 아니, 나는 절대로 없어.

위에서 ever와 never은 강조의 의미로서 "이제껏 골프를 쳐 본 적이 있느냐?" 는 의미와 "지금까지 절대로 쳐본 적이 없다" 는 의미이다.

자주 쓰이는 불규칙동사

영어동사에는 과거형과 과거분사형이 불규칙하게 변하는 경우가 있다. 자주 사용하지 않는 영어의 동사가 불규칙 형태로 바뀐다고 생각하는 사람들이 있지만 사실은 그 반대이다. 여기에 나오는 86개의 불규칙동사들은 일상영어에서 자주 사용하는 것이므로 반드시 외워두어야 한다.

원형	과거형	과거분사형
be 있다	was / were	been
beat ~를 이기다	beat	beaten
become ~가 되다	became	become
begin 시작하다	began	begun
bite 물다	bit	bitten
blow 불다	blew	blown
break 깨뜨리다	broke	broken
bring 가져오다	brought	brought
build 짓다	built	built
buy 사다	bought	bought
catch 잡다	caught	caught
choose 선택하다	chose	chosen
come 오다	came	come
cost (비용이) 들다	cost	cost
cut 자르다	cut	cut
do 하다	did	done
draw 그리다, 끌다	drew	drawn
drink 마시다	drank	drunk
drive 운전하다	drove	driven
eat 먹다	ate	eaten

원형	과거형	과거분사형
fall떨어지다	fell	fallen
feel느끼다	felt	felt
fight싸우다	fought	fought
find발견하다	found	found
fly날다	flew	flown
forget잊다	forgot	forgotten
get얻다	got	got
give주다	gave	given
go가다	went	gone
grow자라다	grew	grown
hang걸다(매달다)	hung	hung
have가지다	had	had
hear듣다	heard	heard
hide숨다(숨기다)	hid	hidden
hit치다	hit	hit
hold붙들다(개최하다)	held	held
hurt다치다(다치게하다)	hurt	hurt
keep유지하다	kept	kept
know알다	knew	known
leave(남기고)떠나다	left	left

원형	과거형	과거분사형
lend(무료로)빌려주다	lent	lent
let~하게 하다	let	let
lie눕다,누워있다	lay	lain
light불을 켜다	lit	lit
lose잃어버리다	lost	lost
make만들다	made	made
mean의미하다	meant	meant
meet만나다	met	met
pay지불하다	paid	paid
put놓다,두다	put	put
read(뤼r드)읽다	read(뤠r드)	read(뤠r드)
ride타다	rode	ridden
ring(벨이)울리다	rang	rung
rise오르다	rose	risen
run달리다	ran	run
say말하다	said	said
see보이다	saw	seen
sell팔다	sold	sold
send보내다	sent	sent
shine비추다, 빛나다	shone	shone

원형	과거형	과거분사형
shoot쏘다	shot	shot
show보여주다	showed	shown
shut닫다	shut	shut
sing노래하다	sang	sung
sit앉다	sat	sat
sleep잠자다	slept	slept
speak말하다	spoke	spoken
spend(돈을)쓰다	spent	spent
stand서있다	stood	stood
steal훔치다	stole	stolen
swim수영하다	swam	swum
take잡다, 가져가다	took	taken
teach가르치다	taught	taught
tear찢다	tore	torn
tell말하다	told	told
think생각하다	thought	thought
throw던지다	threw	thrown
understand이해하다	understood	understood
wake잠이 깨다	woke	woken
wear입다	wore	worn
win이기다	won	won
write쓰다	wrote	written

다음 동사들은 규칙동사 (-ed)로도 쓰이고 불규칙동사 (-t)로도 쓰인다.

원형	과거형	과거분사형
burn 불에 타다, 태우다	burned(burnt)	burned(burnt)
dream 꿈꾸다	dreamed(dreamt)	dreamed(dreamt)
learn 배우다	learned(learnt)	learned(learnt)
smell 냄새나다(맡다)	smelled(smelt)	smelled(smelt)

015
부정문과 의문문 만들기 - 의문사가 있는 의문문

A. 부정문

우리말과 영어는 부정문을 만드는 방식이 다르다.

나는 열심히 <u>일하지 않는다</u>.
I <u>do not</u> / work / hard.
나는 하지 않는다 일하는 것을 열심히

우리말은 동사의 끝에 부정을 의미하는 말을 넣어서 만들지만 영어에서는 부정의 조동사 do not을 주어 다음에 둠으로써 부정문을 만든다. 영어의 끊어 읽기에서는 do not(하지 않는다)을 주어와 묶고 동사와 분리시키는 것이 좋다. 이렇게 함으로써 부정을 나타내는 do not과 동사 work가 모두 강조될 수 있다. 또한 회화체 영어에서는 부정의 조동사 do not은 줄여서 don't로 사용한다.

① I do not / work / hard.
② I don't / work / hard.

3인칭 단수가 주어인 문장의 부정문

3인칭 단수가 주어인 구문의 부정문은 do의 3인칭 단수형인 does에

not을 붙여서 만든다.

　　① He does not / understand.
　　　　그는　　하지 못한다　이해하는 것을
　　② He doesn't / understand. (줄임말)

과거동사가 있는 문장의 부정문

과거동사가 있는 구문의 부정문은 do의 과거형인 did에 not을 붙여서 만든다.

　　① I did not / understand.
　　　　나는 하지 못했다　이해하는 것을
　　② I didn't / understand. (줄임말)

미래동사가 있는 문장의 부정문

미래동사가 있는 문장의 부정문은 미래형 조동사 will에 not을 붙여서 만든다.

　　① I will not / understand.
　　　　나는하지 못할거다 이해하는 것을
　　② I won't / understand. (줄임말)

조동사가 있는 문장의 부정문

조동사 구문의 부정문은 미래형 조동사에 not을 붙여서 만든다.

　　① I can not / understand.
　　　　나는 할 수 없다　이해하는 것을

② I can't / understand. (줄임말)

be동사가 있는 문장의 부정문

be동사가 있는 문장의 부정문은 be동사에 not을 붙여서 만든다.

① I am not / a student.
　　나는　있지 않다　　학생으로
　　I'm not / a student. (줄임말)

② He is not / a student.
　　나는　있지 않다　　학생으로
　　He's not / a student. (줄임말)

③ You are not / a student.
　　당신은　있지 않다　　학생으로
　　You're not / a student. (줄임말)

B. 의문문

일반동사가 있는 구문의 의문문

우리말과 영어는 의문문을 만드는 방식이 다르다.

　　당신은 열심히 공부합니까?
　　Do you / study / hard?
　　합니까 당신은　공부하는 것을　열심히

우리말에서는 동사의 끝을 변형시켜서 의문문을 만들지만 영어에서는 조동사 do를 주어 앞으로 오게 하여 의문문을 만든다. 영어의 의문문은 Do(하느냐)와 Don't(하지 않느냐)를 강조한다.

① Do you / study / hard?
　　하느냐 당신은　공부하는 것을　열심히

② Don't you / study / hard?
　　하지 않느냐 당신은　공부하는 것을　열심히

그래서 영어의 의문문에 대한 답변은 간결해질 수 있다.

Do you / study?
합니까 당신은　공부하는 것을

① Yes, I do.　네, 나는 합니다.
② No, I don't.　아니요, 나는 안 합니다.

부정으로 물어보는 의문문

영어의 의문문에서 중요한 것은 부정으로 물어볼 때 답변하는 방식이 우리말과 정반대라는 점이다.
예를 들면 우리말에서는

당신은 영어를 공부하지 않습니까?
① 네, 나는 하지 않습니다.
② 아니오, 나는 합니다.

위 예문에서 답변인 〈네〉와 〈아니오〉는 질문을 따라간다. 질문이 〈공부하지 않습니까?〉라고 물었으므로 공부하지 않을 때는 답변은 〈네〉가 되고 공부할 때는 답변은 〈아니오〉가 된다.
그러나 영어에서의 답변은 우리말과 정반대로 해야 한다.

Don't you / study / English?
① Yes, I do.　　네, 나는 합니다
② No, I don't.　　아니오, 나는 안 합니다.

영어에서는 긍정으로 물어보든 부정으로 물어보든 간에 하면 Yes, 안 하면 No로 답변해야 한다. 그러므로 부정의문문은 잘못 답변하면 상황에 따라서 위험한 결과를 초래할 수도 있다.
예를 들면 살인사건과 연관되어 경찰이 이런 질문을 했을 때

Ⓐ Didn't you / kill / him?　당신이 그를 안 죽였나요?
Ⓑ Yes. 네.

나는 "안 죽였다" 는 의미로 Yes(그렇다)라고 말했지만 이렇게 답변했다가는 살인자로 몰릴 수도 있다. 영어에서 이런 답변은 "내가 그렇게 했다" 라는 의미가 되기 때문이다. 그러므로 이런 상황에서는 분명하게 이렇게 답변해야 한다.

Ⓐ Didn't you / kill / him?　당신이 그를 안 죽였어요?
Ⓑ No, I didn't.　아니요, 나는 안했어요.

be동사가 있는 구문의 의문문

영어에서 be동사가 있는 구문의 의문문은 be동사를 주어 앞으로 오게 한다.

당신은 학생입니까?
Are / you / a student?
있습니까 당신은　　학생으로

be동사가 있는 구문의 의문문에서 be동사 are를 문장의 맨 앞에 두는 것은 (있느냐)를 강조하기 위함이다. 그러므로 질문에 대한 답변도 간결해진다.

   Are you / a student?
   있습니까 당신은 학생으로

    ① Yes, I am.
      네 나는 있습니다.

    ② No, I'm not
      아니요 나는 있지 않습니다.

   Are you / happy?
   있습니까 당신은 행복한(상태로)

    ① Yes, I am.
      네 나는 있습니다

    ② No, I am not.
      아니요 나는 있지 않습니다.

3인칭 단수가 주어인 문장의 의문문

3인칭 단수가 주어일 때는 Do의 3인칭 단수형인 Does를 문장의 앞에 오게 하여 의문문을 만든다.

   Does he / understand / your word?
   합니까 그는 이해하는 것을 당신의 말을

    ① Yes, he does.
      네 그는 합니다

    ② No, he doesn't
      아니요 그는 안 합니다

과거동사가 있는 문장의 의문문

과거동사가 있는 문장의 의문문은 Do의 과거형인 Did를 문장의 앞에 오게 한다.

  Did you / understand?
  했습니까 당신은   이해하는 것을

  ① Yes, I did.
     네 나는 했습니다

  ② No, I didn't
     아니요 나는 안 했습니다

미래동사가 있는 문장의 의문문

미래동사가 있는 문장의 의문문은 미래형 조동사 will을 문장의 앞에 오게 한다.

  Will you / understand?
  할겁니까 당신은 이해하는 것을

  ① Yes, I will.
     네 나는 할겁니다

  ② No, I won't.
     아니요 나는 안 할겁니다

조동사가 있는 문장의 의문문

조동사가 있는 문장의 의문문은 조동사를 문장의 앞에 오게 한다.

  Can you / understand?
  할 수 있느냐 당신은 이해하는 것을

  ① Yes, I can.
     네 나는 할 수 있습니다

② No, I can't
　　아니요 나는 할 수 없습니다

의문사가 있는 의문문

영어에서 의문사가 있는 의문문을 만드는 방법은 아주 간단하다. 의문사를 앞에 두고 그 뒤에 의문문이 오게 하면 된다.

　　　의문사 + 의문문

일반의문문과 의문사가 있는 의문문을 비교해 보면.

① Do you / study / English?
　　하느냐 당신은 공부하는 것을 영어를

② When do you / study / English?
　　언제 하느냐 당신은 공부하는 것을 영어를

①의 의문문 앞에 의문사 when(언제)을 붙이면 ②와 같은 의문사가 있는 의문문이 된다. 이런 식으로 어떤 의문문도 만들 수 있다.

① Why do you / study / English?
　　왜 하느냐 당신은 공부하는 것을 영어를

② When will you / study / English?
　　언제 할거냐 당신은 공부하는 것을 영어를

③ How can you / study / English?
　　어떻게 할 수 있느냐 당신은 공부하는 것을 영어를

④ What will you / study / for your self?
　　무엇을 할거냐 당신은 공부하는 것을 당신 자신을 위해

⑤ Who will / teach / you?
　　누가 할거냐　가르치는 것을　당신을

⑥ Who / will you / teach?
　　누구에게　할거냐 당신은　가르치는 것을

형용사나 부사와 묶음으로 시작하는 의문문
　의문사가 명사나 형용사 또는 부사를 수식하는 경우에는 묶음으로 문장의 앞으로 오게 하면 된다.

① 당신은 (무슨 종류의 책을) 원하나요?
　(What kind of book) / do you / want?
　　무슨 종류의 책을　　　합니까 당신은　원하는 것을

② 당신은 (얼마나 오래) 머물겁니까?
　(How long) / will you / stay?
　　얼마나 오래　할겁니까 당신은　머무는 것을

③ 당신은 (어느 것을) 원하나요?
　(Which one) / do you / want?
　　어느 것을　합니까 당신은　원하는 것을

④ 이것은 (누구의 책) 인가요?
　(Whose book) / is / this?
　　누구의 책으로　있습니까　이것은

의문사가 주어나 보어인 의문문
　영어에서 의문사가 문장의 주어일 경우에는 의문사 다음에 동사가 온다.

① Who / likes / you?
　　누가　좋아합니까 당신을

② Who / is / your favorite writer?
　　누가　있느냐　당신의 가장 좋아하는 작가로

〈전치사+의문사〉가 있는 문장의 의문문

영어에서 〈전치사+의문사〉가 있는 의문문에서는 〈전치사+의문사〉를 문장의 앞에 오게 하는 것이 원칙이다.

당신은 〈누구와 함께〉 공부합니까?

(With whom) / do you / study?
누구와 함께   하느냐 당신은   공부하는 것을

그러나 의문사를 강조하기 위해 전치사를 문장의 뒤쪽으로 가게 하는 것이 일반적이다.

Who(m) / do you / study (with)?
누구와   하느냐 당신은   (함께) 공부하는 것을

위 문장에서 원래는 목적격 의문사 whom을 사용해야 하지만 미국 사람들은 실용영어에서 whom 대신에 who를 사용하는 것이 일반적이다. 〈전치사+의문사〉가 있는 문장을 하나 더 살펴보면.

당신은 〈언제부터〉 시작할 겁니까?
① (From when) / will you / begin?
② When / will you / begin (from)?

〈의문사 + ever〉가 있는 의문문

ever(언제나, 항상)라는 부사가 의문사 뒤에 접미어로 올 때는 〈~든지〉라는 의미가 된다.

① Whenever 언제든지
② Wherever 어디서든지

③ Whatever 무엇이든지
④ Whoever 누구든지
⑤ Whichever 어느 것이든지

〈의문사+ever〉는 주절과 종속절로 된 문장의 접속사로 사용된다.

① 주절 + (~ever로 시작되는 종속절)
② (~ever로 시작되는 종속절) + 주절

　　　주절　　　　종속절
① Do it / whatever you like.
　 해라 그것을　무엇이든지 네가 좋아하는 것을

　　　종속절　　　　　주절
② Whatever you like, / do it.
　 무엇이든지 네가 좋아하는 것을　해라 그것을

①처럼 ~ever로 시작하는 말이 뒤에 오는 것이 원칙이지만, 실제 영어에서는 ~ever구문을 강조하려고 앞으로 오게 하는 경우가 많다.

① Whoever it is, / it will not be / John.
　 그것이 누구든지　　그것은 아닐 것이다　존은

② Take / whichever you want.
　 가져가라　어느 것이든지 네가 원하는 것은

③ Whichever side wins, / I will be satisfied.
　 어느 쪽이 이기든지　　　　나는 만족할 것이다

④ You can visit me / whenever you want.
　 너는 방문할 수 있다 나를　언제든지 네가 원할 때는

⑤ Wherever he is, / he thinks of you.
　 어디서든지 그가 있는　　그는 생각한다 너에 대해

016
명사를 수식하는 말 - 형용사 / 관계대명사 / 관계부사

형용사

동사를 수식하는 말이 부사라면 명사를 수식하는 말은 형용사이다. 일반적으로 형용사는 명사 앞에서 뒤에 오는 명사를 수식하는데 형용사가 길어질 때는 수식하는 명사 뒤로 자리를 옮긴다. 우리말에서는 명사를 수식하는 말이 길어져도 명사 앞에 위치하지만 영어에서는 수식하는 말이 길어지면 명사 뒤로 자리를 옮긴다.

　　　나는 (아름다운) 소녀를 만났다.
　　　나는 (이 마을에서 가장 아름다운) 소녀를 만났다.

이것을 영어로 바꾸면

　　　I / met / a beautiful girl.
　　　나는　만났다　한 아름다운 소녀를

　　　I met a girl / who was the most beautiful / in this town.
　　　나는 만났다 한 소녀를　(그녀는) 가장 아름다운　　　이 마을에서

관계대명사

관계대명사는 명사를 수식하는 형용사가 길어져서 형용사절이 되었을 때 사용되는 연결어를 말한다. 예를 들면,

① a beautiful girl
　　　형용사

② a girl who was beautiful.
　　　　형용사절

위 ②는 a girl과 She was beautiful이 합쳐진 문장인데 여기서 주어 she 대신에 관계대명사 who를 사용하여 두 문장을 연결한 것이다.

① a girl + She was beautiful.

② a girl who was beautiful.

이렇게 해서 만들어진 관계대명사구문은 문장 중에서 주어나 목적어나 보어로 사용된다.

① a girl[who is beautiful]/ are looking at me.
　　한 소녀가　아름다운　　　바라보고 있다　나를

② I am / looking at / a girl[who is beautiful].
　　나는 있다　바라보면서　한 소녀를 (그녀는)아름다운

③ She / is / a girl[who is beautiful].
　　그녀는 있다 한 소녀로 (그녀는)아름다운

(1) 주격 관계대명사
주격 관계대명사란 관계대명사가 주어의 역할을 하는 것을 말한다. 예를 들면

I saw a girl[who is beautiful].
나는 보았다 한 소녀를 (그녀는)아름다운

위 문장에서 관계대명사 구문인 who is beautiful이 앞에 있는 선행사 a girl을 수식하여 "아름다운 한 소녀"가 된다.

위 예문은 다음 두 문장을 연결한 것이다.

① I saw a girl.
　　나는 보았다 한 소녀를
　　　　　　she(who) is beautiful.
　　　　　　그녀는　　　아름답다

② I saw a girl[who is beautiful].
　　나는 보았다 한 소녀를　(그녀는)아름다운

위에서 관계대명사 who는 주어 she를 접속사 형태로 바꾸어 놓은 것이므로 〈주격관계대명사〉이다.

(2) 목적격 관계대명사

목적격 관계대명사란 관계대명사가 목적어의 역할을 하는 것을 말한다. 예를 들면,

① She is a girl.
　　그녀는 소녀이다
　　　　　her(whom) I met yesterday.
　　　　　그녀를　　나는 만났다　어제

② She is a girl[whom I met yesterday].
　　그녀는 있다 소녀로　(그녀를)내가 어제 만났던

위에서 관계대명사 whom은 목적어 her를 접속사 형태로 바꾸어 놓은 것이므로 (목적격관계대명사)이다.

선행사가 사람일 때 목적격 관계대명사는 원래는 whom이지만 실제

영어에서는 who를 주로 사용한다.

① She is a girl[whom I met yesterday].
　그녀는 있다 한 소녀로　내가 어제 만났던

② She is a girl[who I met yesterday].
　그녀는 있다 한 소녀로 (그녀를)내가 어제 만났던

그러나 목적격관계대명사에서 가장 많이 사용되는 것은 아래 구문처럼 목적격관계대명사 whom을 아예 생략하는 것이다.

She is a girl[I met yesterday].
　그녀는 있다 한 소녀로 (그녀를)내가 어제 만났던

(3) 소유격 관계대명사
소유격 관계대명사란 관계대명사가 소유격형용사의 역할을 하는 것을 말한다. 예를 들면

① I met a girl.
　나는 만났다 한 소녀를
　　her(whose) name is Mary.
　　그녀의　　　이름은 메리이다

② I met a girl[whose name is Mary].
　나는 만났다 한 소녀를 (그녀의) 이름은 메리인

위에서 관계대명사 whose는 소유격대명사 her를 접속사 형태로 바꾸어 놓은 것이므로 〈소유격 관계대명사〉이다. .

(4) 전치사가 있는 관계대명사

(전치사+목적어)가 관계대명사로 사용된 것을 말한다.
예를 들면

    ① She is Mary.
       그녀는 메리이다
         with her(whom) I study English.
          그녀와 함께   나는 공부한다 영어를
    ② She is Mary[with whom I study English].
       그녀는 메리이다 (그녀와) 함께 나는 영어를 공부하는

위에서 관계대명사 구문에서는 선행사와 관계대명사가 붙어있어야 하므로 전치사 with를 뒤로 보내는 것이 일반적이다.

    ① She is Mary / whom I study English with.

    ② She is Mary / who I study English with.

    ③ She is Mary / I study English with.

①보다 ②가 그리고 ②보다 ③이 구어체에서 많이 사용된다.

선행사가 사람이 아닐 때

선행사가 사람이 아닐 때 즉 동물이나 사물일 때는 which를 사용한다.

    ① The book[which is on the desk]/ is mine.
       그 책은   책상 위에 있는   내 것이다

    ② This / is / the book[which you gave me].
       이것은 있다 그 책으로 (그것을) 네가 내게 주었던

    ③ This / is / the book[which I study with].
       이것은 있다 그 책으로 (그것을) 내가 가지고 공부했던

위의 관계대명사 which 구문에서 알아야 할 사항 몇 가지는

첫째, ①이나 ②처럼 관계대명사 which가 주격이나 목적격으로 쓰일 때는 that으로 바꾸어 쓸 수도 있다.

The book[that is on the desk]/ is mine.
그 책은   책상 위에 있는   내 것이다

This / is / the book[that you gave me].
이것은 있다 그 책으로 (그것을) 네가 내게 주었던

둘째, ②처럼 관계대명사 which가 목적격으로 쓰일 때는 관계대명사 which를 생략할 수도 있다.

This / is / the book[you gave me].
이것은 있다 그 책으로 네가 내게 주었던

관계부사

관계부사란 선행사와 연결하는 접속사가 부사의 역할을 하는 것을 말한다. 예를 들면.

① This is the place.
   여기는 그 장소이다
   there(where) I met her yesterday.
   거기서   나는 만났다 그녀를 어제

② This / is / the place[where I met her/yesterday].
   여기에 있다 그 장소가 (거기서) 내가 그녀를 만났던/어제

영어의 관계부사는 시간, 장소, 이유, 방법에만 사용된다.

① I / remember / the moment[when the accident happened].
　나는　기억한다　　그 순간을　　(그 때) 그 사건이 일어났던

② This / is / the place[where I met her yesterday].
　여기는 있다 그 장소로　　(거기서) 내가 그녀를 만났던/어제

③ I / know / the reason[why he didn't come].
　나는 안다　그 이유를　　(왜) 그가 오지 않았는지

④ Tell / me / the way[how I solve the problem].
　말해라 내게　그 방법을　(어떻게) 내가 그 문제를 푸는지

위에서 보듯이 관계부사가 사용될 때 선행사는 시간, 장소, 이유, 방법을 나타내는 명사이다.

위의 관계부사가 구문에서 알아야 할 몇 가지 사항은

첫째, 위 ③에서 선행사 the reason과 관계부사 why는 같은 의미를 가지므로 둘 중 하나는 생략할 수 있다.

① I / know / the reason[he didn't come].
　나는 안다　그 이유를　그가 오지 않았던

② I / know / why he didn't come.
　나는 안다　왜 그가 오지 않았는지

둘째, 위 ④에서 선행사 the way와 관계부사 how도 같은 말이므로 둘 중 하나는 생략할 수 있다

① Tell / me / the way[I solve the problem].
　말해라 내게　그 방법을　　내가 그 문제를 푸는

② Tell / me / how I solve the problem.
　말해라 내게　어떻게 내가 그 문제를 푸는지를

017
목적보어가 있는 구문 - 사역동사 / 작위동사

기본 5형식구문

영어에는 (주어+동사+목적어)의 기본구문 뒤에 목적보어가 오는 구문이 있다. 이러한 구문형태를 가리켜 영문법에서는 〈5형식구문〉이라고 부른다.

(주어 + 동사 + 목적어) + 목적보어

이러한 문장구조는 주어가 목적어로 하여금 무언가가 되도록 하거나 무언가를 하도록 영향을 끼치기 때문에 만들어진다.
우리말로 예를 들어보면.

① 우리 어머니는 / 원한다 / 나에게 / 의사가 되기를
　　주어　　　　동사　　목적어　　목적보어
② 우리 어머니는 / 만들었다 / 나를 / 의사로
　　주어　　　　동사　　목적어　목적보어

위의 우리말이 5형식구문이 되는데 중요한 역할을 한 것은 ①의 "원한다"라는 동사와 ②의 "만들었다"라는 동사이다. "원한다"처럼 목적어의 행동이나 상태에 약간의 영향을 미치는 동사를 가리켜 〈작위동사〉라고 부르고, "만들었다"처럼 목적어의 행동이나 상태에 강한 영향

을 미치는 동사를 가리켜 〈사역동사〉라고 부른다. 이처럼 작위동사나 사역동사가 5형식구문을 만드는 것은 영어에서도 마찬가지이다. 위 문장을 영어로 바꾸어 보면,

My mother / wants / me / to be a doctor.
내 어머니는   원한다   내게   의사가 되기를

My mother / made / me / a doctor.
내 어머니는   만들었다   나를   의사로

사역동사와 준사역동사

작위동사가 주어의 행동이 목적어의 행동에 간접적인 영향을 주는 것이라면 사역동사나 준사역동사는 주어의 행동이 목적어의 행동에 직접적인 영향을 주는 것을 말한다. 사역동사가 강요의 세기가 강하다면 준사역동사는 강요의 세기가 비교적 약한 편이다.

우리말로 예를 들면,

① 나는 시켰다 그를 (공부를 열심히 하도록) - 사역동사
② 나는 도왔다 그를 (공부를 열심히 하도록) - 준사역동사

①은 내가 그를 열심히 공부하도록 시켰으므로 사역동사이고, ②는 시키지는 않았지만 도와준 나의 행동이 그의 행동에 직접적인 영향을 미쳤으므로 준사역동사이다. 이것을 영어로 바꾸어 보면,

① I / let / him / study hard.
   나는 하게했다 그를   열심히 공부하도록

② I / helped / him / study hard.
   나는 도왔다   그를   열심히 공부하도록

사역동사와 준사역동사에서는 to부정사 대신에 to를 생략한 원형부정사를 주로 사용한다. 그러므로 위 문장에서는 목적어 다음에 원형동사인 study가 왔다. 사역동사와 준사역동사에서 to를 생략하는 이유는 사역동사와 준사역동사가 영어에서 자주 사용되는 중요한 동사이면서 사역동사와 준사역동사로 쓰이는 동사가 몇 개 되지 않기 때문에 생략을 해서 간편하게 사용하기 위함이다.

사역동사의 종류

영어의 사역동사에는 make, have, let의 3가지가 있는데 사역의 강도가 서로 다르다.

① make - 만들다(사역의 강도가 강함)

I will make you / go home.
나는 만들거다   너를   집에 가도록

② have - 갖다(사역의 강도가 보통)

I will have you / go home.
나는 가질 거다 너를   집에 가도록

③ let - 하게하다/허락하다(사역의 강도가 약함)

I will let you / go home.
나는 허락할거다 너를   집에 가도록

위 세 예문은 사역동사에 따라 사역의 강도가 달라진다. ①은 네가 집에 가도록 만들겠다는 말이며, ②는 네가 집에 가는 권한을 내가 가질

거라는 말이며, ③은 네가 집에 가도록 허락하겠다는 말이다. 그러므로 사역동사를 사용할 때는 상황에 따라 make, have, let 중에서 잘 선택해야 한다.

준사역동사

영어의 사역동사에는 make, have, let 외에도 help와 get이 있는데 이것은 사역의 의미가 약한 동사이므로 〈준사역동사〉라고 부른다. 이 중에서 help 동사는 to부정사와 동사원형 모두를 사용할 수 있지만 get은 to부정사만 사용할 수 있다.

① help - 돕다(사역의 강도가 약함)

I <u>will help</u> you / go home.
나는 도울거다 너를   집에 가는 것을

I <u>will help</u> you / to go home.
나는 도울거다 너를   집에 가는 것을

② get - 얻게하다(사역의 강도가 아주 약함)

I <u>will get</u> you / to go home.
나는 얻게 할거다 너를   집에 가는 것을

두 예문에서 ①은 "네가 집에 가는 것을 돕겠다"는 말이며, ②는 "네가 집에 가는 것을 얻게 할 것이다"는 말이다. 이처럼 help와 get은 목적어가 무언가를 하는데 직접적인 영향을 미치기는 하지만 사역의 강도는 약한 편이다.

특히 5형식구문에서 목적어 뒤에 과거분사가 옴으로 목적어가 수동의 형태를 가질 때는 사역동사 get을 주로 사용한다.

① I / will get / my hair / (to be) cut.
　　나는　얻게 할 것이다　내 머리가　깎아지는 것으로

② I will get my hair / cut.

영어에서 "머리를 깎다"라는 말은 이발사가 머리를 깎는 것이지만 사실은 내가 이발사에게 머리를 깎도록 맡기는 것이므로 허락의 의미를 가진 가장 약한 사역동사인 get를 사용한 것이다.

작위동사

영어에는 〈주어+동사+목적어〉의 3박자기본구문 뒤에 to부정사가 오는 구문이 있다. 예를 들면,

The rain caused the river / to overflower.
그 비는　야기했다　그 강에게　　넘치도록

위 영문의 의미는 비가 강을 넘치게 하려고 온 것은 아니지만 결과적으로 강을 넘치도록 했다는 것이다. 이처럼 주어의 행동이 목적어의 행동에 간접적인 영향을 끼칠 때 이런 동사를 가리켜 〈작위동사〉라고 부르며 작위동사가 있는 영문 구조는 다음과 같다.

〈주어+작위동사+목적어〉+to부정사

작위동사가 있는 문장에서 to부정사 뒤에 be동사가 올 때는 (to be)가 생략되기도 한다.

① I left him / (to be) alone.
　　나는 남겨두었다 그를　홀로 있도록

② I left him / alone.

위 영문에서 동사 leave가 작위동사이다. 내가 그를 두고 떠났기 때문에 결과적으로 그가 홀로 남게 된 것이다. 내가 그를 남겨두고 떠난 것은 그가 홀로 있게 된 직접적인 원인은 아니더라도 간접적인 원인은 된다.

자주 쓰는 작위동사

영어에는 작위동사가 꽤 많으므로 외우는 것이 쉽지 않지만 같은 유형의 작위동사끼리 모아놓으면 외우기가 쉽다.

목적어에게 힘을 가해 어떤 상태가 되도록 함	
push 밀다	I / pushed the door / open. 나는 밀었다 그 문을 열리도록
hit 치다	I / hit the door / broken. 나는 쳤다 그 문을 부서지도록
목적어를 보존해서 어떤 상태로 있도록 함	
keep(계속) 보존하다	I / kept the door / open. 나는 보존했다 그 문을 열려있도록
hold 붙들고있다	I / held the door / open. 나는 붙들었다 그 문이 열려있도록
maintain (동일하게)유지하다	I / maintained the door / open. 나는 유지했다 그 문을 열려있도록
leave 남겨두고 떠나다	I / left the door / open. 나는 남겨두고 떠났다 그 문을 / 열려있도록
목적어의 이름을 짓거나 불러서 어떤 상태가 되도록 함	
name 이름짓다	They / named him /(to be) Tom. 그들은 이름지었다 그를 톰이라고
call 이름부르다	They / called him / Tom. 그들은 이름불렀다 그를 톰이라고

	목적어를 임명해서 어떤 상태가 되도록 함
appoint 임명하다	I / appointed him / (to be) a new secretary. 나는 / 임명했다 그를 / 새 비서로 (되도록)
	목적어에게 말해거나 가르쳐서 무언가를 하도록 함
tell 말해주다	He / told me / to study hard. 그는 말했다 내게 열심히 공부하라고
teach 가르치다	He / taught me / to has a dream. 그는 가르쳤다 내게 꿈을 가지라고
instruct 교훈하다	He / instructed me / not to tell you. 그는 교훈했다 내게 너에게 말해주지 말라고
order 지시하다	He / ordered me / to get out of his car. 그는 지시했다 내게 그의 차에서 내리라고
warn 경고하다	I / warned him / not to phone me. 나는 경고했다 그에게 나에게 전화하지 말라고
	목적어에게 강요하거나 야기해서 무언가를 하도록 함
force 강요하다	He / forced me / to study hard. 그는 강요했다 내게 열심히 공부하라고
cause 원인이 되다	The incident / caused me / to study hard. 그 사건이 원인이 되었다 내게 열심히 공부하도록
	목적어에게 허락해서 무언가를 하도록 함
allow 허락하다	He / allowed me / to go out. 그는 허락했다 내게 밖에 나갈 것을
permit 허가하다	He / permitted me / to enter the army. 그는 허가했다 내게 군대에 들어갈 것을

enable할 수 있게 하다	He / enabled me / to enter the room. 그는 할 수 있게 했다 내게 방에 들어가는 것을

목적어를 선출해서 어떤 상태가 되도록 함

elect(투표로)선출하다	We / elected him / (to be) the President. 우리는 선출했다 그를 대통령으로 (되도록)
select (투표없이)선출하다	They / selected him / the vice president. 그들은 선출했다 그를 부통령으로
choose선택하다	God / chose me / to fulfill this work. 하나님은 선택했다 나를 이 일을 완수하도록

목적어에게 원해서 무언가를 하도록 함

want원하다	I / want you / to go home. 나는 원한다 너에게 집에 가기를
would like to원하다 (want의 공손한 표현)	I / would like you / to visit me. 나는 하고싶다 너에게 나를 방문하도록
expect기대하다	I / expect you / to be back. 나는 기대한다 너에게 돌아오기를
ask부탁하다	He / asked me / to study hard. 그는 부탁했다 나에게 열심히 공부 할 것을

목적어를 설득하거나 격려해서 무언가를 하도록함

persuade설득하다	I / persuaded him / to study hard. 나는 설득했다 그에게 열심히 공부하라고
encourage격려하다	I / encouraged him / to study hard. 나는 격려했다 그에게 열심히 공부하라고

목적어를 발견해서 어떤 상태가 되도록 함

find발견하다	I / found it / difficult / to study English. 나는 발견했다 그것이 어렵다는 것을 영어를 공부하는 것이

018
동사가 2개인 구문 - 동사+to부정사/동사+동명사

(주어+동사) 뒤에 동사가 올 때

(주어+동사) 뒤에 동사가 올 때는 하나의 구문에 두 개의 동사가 올 수 없기 때문에 뒤에 오는 동사의 형태를 (to+동사) 또는 (동사ing) 형태로 바꾸어주어야 한다. 그러므로 (주어+동사) 뒤에 동사가 올 때는 그것이 to부정사로 올지 아니면 동사ing로 올지를 잘 살펴보아야 한다. 일반적으로 뒤의 동사가 앞으로 있을 일이거나 의지가 필요한 일이면 to부정사가 오고 현재 진행되고 있는 일이거나 과거에 발생했던 일인 경우에는 동사ing가 온다고 보면 된다.
우리말로 예를 들면,

① 나는 원한다 (무엇을 하기를?) - 먹기를
② 나는 즐긴다 (무엇을 하면서?) - 먹으면서

①에서 "나는 원한다" 라는 동사 뒤에는 "무엇을 하기를 원하는" 이라는 의지를 나타내는 말이 오므로 to부정사를 사용해야 한다. 그러므로 이 말을 영어로 바꾸면 다음과 같이 된다.

I / want / to eat.
나는 원한다 먹기를

그러나 ②의 "나는 즐긴다" 라는 동사 뒤에는 무엇을 하면서 즐기는가 하는 현지진행적인 말이 오므로 이때는 동사ing가 와야 한다. 그러므로 이 말을 영어로 바꾸면 다음과 같이 된다.

    I / enjoy / eating.
    나는 즐긴다   먹으면서

아래 영문을 보면 동사 뒤에 to부정사가 올 때와 동사ing가 올 때의 차이를 더 분명히 알 수 있을 것이다.

    ① I / stopped / to watch TV
       우리는 멈추었다   TV를 보려고

    ② I / stopped / watching TV
       우리는 멈추었다   TV를 보고있는 것을

위의 ①은 TV를 보기위하여 하던 일을 멈추었다는 말이며, ②는 TV를 보고 있는 것을 멈추었다는 말이다. 이처럼 동사와 동사가 붙어있을 때에는 두 동사의 관계를 잘 살펴보아야 한다. 일반적으로 앞의 동사의 성질에 따라 뒤의 동사가 to부정사가 오는지 아니면 동사ing가 오는지가 결정된다고 보면 된다.

목적어로 to부정사가 오는 동사 모음

care to 관심이 있다(~하는데)	I / care / to listen. 나는 관심이 있다 듣는데

afford to 여유가 있다(~하기위한)	I / afford / to buy. 나는 여유가 있다 사기위한
agree to 동의하다(~하기로)	I / agreed / to do. 나는 동의했다 하기로
choose to 택하다(~하는 것을)	I / chose / to eat. 나는 택했다 먹는 것을
desire to 욕구가 있다(~하기위한)	I / desire / to buy. 나는 욕구가 있다 사기위한
fail to 실패하다(~하는 것을)	She / failed / to finish. 그녀는 실패했다 끝내는 것을
intend to 작정하다(~하기로)	I / intended / to quit. 나는 작정했다 그만 두기로
learn to 배우다(~하기위해)	I / learn / to speak? 나는 배운다 말하기 위해
mean to 하려고하다(~할 것을)	I / meant / to ask you. 나는 하려고했다 너에게 물어보는 것을
pretend to 가장하다(~하는 것으로)	He / pretend / to know. 그는 가장한다 아는 것으로
refuse to 거절하다(~하는 것을)	I / refused / to go? 나는 거절했다 가는 것을
want to 원하다(~하기를)	I / want / to go 나는 원한다 가기를
wish to 바란다(~하기를)	I / wish / to travel 나는 바란다 여행하기를

hope to 소망한다(~하기를)	I / hope / to visit. 나는 소망한다 방문하기를
plan to 계획한다(~하기를)	We / plan / to open. 우리는 계획한다 열기를
expect to 기대하다(~하기를)	I / expect / to go. 나는 기대한다 가기를
promise to 약속하다(~하기로)	He / promised / to go. 그는 약속했다 가기로
decide to 결심하다(~하기로)	I / decided / to quit. 나는 결심했다 그만두기로
prepare to 준비하다(~하기위해)	I / prepared / to go out. 나는 준비했다 밖에 나가기 위해
ask to 요청하다(~할 것을)	I / asked / to use his car. 나는 요청했다 그의 차를 사용할 것을

목적어로 동명사가 오는 동사 모음

stop ~ing 멈추다(~하는 것을)	I / stopped / cutting the paper. 나는 멈추었다 그 종이를 자르는 것을
quit ~ing 그만두다(~하는 것을)	I / quitted / smoking. 나는 그만두었다 담배피우는 것을
enjoy ~ing 즐기다(~하는 것을)	I / enjoy / playing soccer. 나는 즐긴다 축구경기 하는 것을

keep ~ing 계속 갖고 있다 (~하는 것을)	He / keeps / sniffing. 그는 계속한다 코훌쩍이는 것을
go ~ing 가다(~하러)	We / go / shopping. 우리는 간다 쇼핑하러
finish ~ing 끝내다(~하는 것을)	I / finished / studying? 나는 끝냈다 공부하는 것을
avoid ~ing 피하다(~하는 것을)	He / avoided / meeting her. 그는 피했다 그녀를 만나는 것을
imagine ~ing 상상하다(~하는 것을)	I / imagine / eating an apple. 나는 상상한다 사과를 먹는 것을
admit ~ing 인정하다(~한 것을)	The boy / admitted / stealing money. 그 어린이는 인정했다 돈을 훔친 것을
appreciate ~ing 감사하다(~한 것을)	I / appreciate / your helping. 나는 감사한다 네가 도와 준 것을
consider ~ing 고려하다(~하는 것을)	I / consider / hiring him 나는 고려한다 그를 고용하는 것을
delay ~ing 지체하다(~하는 것을)	He / delayed / paying. 그는 지체했다 지불하는 것을
mind ~ing 신경이 쓰인다(~하는 것이)	I / mind / smoking. 나는 신경이 쓰인다 담배 피는 것이
postpone ~ing 연기하다(~하는 것을)	I / postponed / leaving. 나는 연기했다 떠나는 것을
practice ~ing 연습하다(~하는 것을)	I / practiced / teaching. 나는 연습했다 가르치는 것을
anticipate ~ing 예상하다(~할거라고)	We / anticipated / winning 우리는 예상했다 이길거라고

목적어로 동명사와 to부정사 모두 올 수 있는 동사 모음

영어의 동사 중에는 뒤에 동명사나 to부정사 모두 해당되는 말이 오는 동사들이 있다. 예를 들면.

나는 / 좋아한다 / 여행하는 것을

위의 우리말을 영어로 바꿀 때 like(좋아한다) 다음에 오는 동사 travel(여행하다)를 to부정사를 써야 하는가 아니면 동사ing를 써야 옳은가? 내가 무언가를 like(좋아한다)하는 것은 현재 하고 있는 것이 될 수도 있고 앞으로 할 것이 될 수도 있기 때문에 상황에 따라 to부정사나 동사ing 모두를 사용할 수 있다. 내가 지금 여행을 하는 중이라면 travelling를 사용하면 되고 앞으로 여행할 거라면 to travel을 사용하면 된다.

I / like / travelling. - 나는 여행하는 것을 좋아한다.
I / like / to travel. - 나는 여행하기를 좋아한다.

영어에서 이런 식으로 쓰는 동사에는 "좋아하다"(like, love, prefer), "싫어하다"(hate)와 "시작하다"(begin, start), "계속하다"(continue)가 있다.

like ~ing(to) 좋아하다	I / like / studying. I / like / to study.
love ~ing(to) 사랑하다	I / love / studying. I / love / to study.

prefer ~ing(to) 더 좋아하다	I / prefer / studying. I / prefer / to study.
hate ~ing(to) 싫어하다	I / hate / studying. I / hate / to study.
start ~ing(to) 시작하다(~하는 것을)	I / started / studying. I / started / to study.
begin ~ing(to) 시작하다	He / began / studying. He / began / to study.
continue ~ing(to) 계속하다	I / continued / studying. I / continued / to study.

019
목적어가 2개인 구문 - 수여동사

영문에는 목적어가 두 개인 구문이 있다. 2개의 목적어 중에서 하나는 사람이고 다른 하나는 사물이다. 예를 들면,

① 나는 / 그에게 / 책을 / 주었다.
    주어 1목적어 2목적어 동사

② I / gave / him / a book.
   주어 동사 1목적어 2목적어

위 문장을 보면 우리말과 영어 모두 목적어가 2개이면서 먼저 사람(제1목적어)이 오고, 그 다음에 사물(제2목적어)이 온다. 그 이유는 사람이 사물 보다 더 중요하기 때문이다. 우리말이나 영어 모두 말의 어순은 중요한 순서로 온다. 그러나 목적어에서 사물을 사람보다 강조하기 위해 앞에 두면 구문의 모양이 달라진다.

① I gave him / a book. (사람+사물)
   나는 주었다 그에게   책을

② I gave a book / to him. (사물+사람)
   나는 주었다 책을   그에게

①번처럼 사람을 제1목적어로 놓고 사물을 제2목적어로 놓을 경

우에는 2개의 목적어가 나란히 오지만, ②번처럼 순서를 바꾸어서 사물을 목적어로 놓으면 사람은 전치사to나 for로 연결하여야 한다.

① I read him / a book.
　　나는 읽어주었다 그에게　　책을

② I read a book / for him.
　　나는 읽어주었다 책을　　　그를 위해

위의 ①번과 ②번은 같은 의미의 문장을 어순만 바꾸어 놓은 것 같지만 사실은 그렇지 않다. ①번은 눈앞에 있는 사람에게 책을 읽어주는 것을 말하며 ②번은 눈앞에 있지 않은 사람에게 책을 읽어주는 것을 말한다. 그래서 ①번은 사람이 동사 다음에 오고 ②번은 책이 동사 다음에 온 것이다.

수여동사

영어에서 동사가 2개인 문장의 동사를 가리켜 〈수여동사〉라고 부른다. 수여동사라는 말이 조금 어려우면 〈주다동사〉라고 해도 된다. 영어의 수여동사는 우리말에서는 "~(해)주다"로 번역되기 때문이다.

tell 말해주다	He told me / the news. 그는 말해주었다 내게　그 소식을
teach 가르쳐주다	He taught me / swimming. 그는 가르쳐주었다 내게　수영을
give 주다	He gave me / an advice. 그는 주었다 내게　한 충고를
buy 사주다	He bought me / a new coat. 그는 사주었다 내게　새 코트를

lend빌려주다	He lent me / the money. 그는 빌려주었다 내게 돈을
show보여주다	He showed me / a book. 그는 보여주었다 내게 책 한권을
bring가져다주다	He brought me / these apples. 그는 가져다주었다 내게 이 사과들을
send보내주다	He sent me / a birthday card. 그는 내주었다 내게 생일카드를
offer제공해주다	He offered me / a bed. 그는 제공해주었다 내게 침대를
make만들어주다	He made me / a sandwich. 그는 만들어주었다 내게 샌드위치를
find찾아주다	He found me / a job. 그는 찾아주었다 내게 일자리를
ask물어보다	He asked me / some personal questions. 그는 물어보았다 내게 몇가지 개인적 질문들을
read읽어주다	He read me / a story. 그는 읽어주었다 내게 이야기 하나를
throw던져주다	Can you / throw me / that towel? 할수있니 너는 던져주는 것을 내게 저 수건을
pass건네주다	Please / pass me / the salt. 제발 건네주세요 내게 그 소금을

020
복합동사가 있는 구문 - 동사+부사

영어에는 〈동사+부사〉의 형태를 가진 동사들이 있다. 예를 들면 영어의 laugh는 "웃다" 라는 의미이지만 laugh at은 "비웃다" 가 된다. 이런 형태의 동사들을 가리켜 〈복합동사〉라고 부른다. 이러한 복합동사들은 숙어로 무조건 외워야 하지만 복합동사가 만들어지는 원리를 알면 조금 더 쉽게 기억할 수 있다.

복합동사는 〈동사+부사〉의 형태에서 뒤에 붙는 부사의 의미를 아는 것이 중요하다. 예를 들면 laugh at이 "비웃다" 가 되는 것은 at이 어떤 지점을 나타내는 부사이기 때문에 "어느 지점에 있는 사람을 바라보면서 웃는 것" 이 되어 "비웃다" 가 된 것이다.

영어에는 복합동사들이 의외로 많이 있는데 숙어처럼 외어두는 것이 좋다. 복합동사 역시 원리를 이해하면 더 쉽게 기억 할 수 있다.

동사 + in (안에)	
call in 신고하다, 호출하다	Call(전화하다)+in(안에) *안에다가 전화하다
	During your trip, please call in once a day. 여행 동안에 제발 호출하세요 하루에 한번
get in (차를) 타다	get(얻다)+in(안을) *돈을 내고 차 안을 얻다 = 타다
	John opened the door of the car and got in. 존은 열었다 차의 문을 그리고 탔다. .

hand in 제출하다	**hand**(건네다)+**in**(안에) *안에다가 건네다 - 제출하다
	Please <u>hand in</u> your essay before this Friday. 제발 　제출하라 　네 에세이를 　　이번 금요일 전에
take in 섭취하다	**take**(취하다)+**in**(안으로) *안으로 취하다 =섭취하다
	Fish <u>takes in</u> oxygen through their gills. 물고기들은 섭취한다 산소를 　　그것들의 아가미를 통해
participate in 참여하다	**participate**(참석하다)+**in**(안에)
	Did you <u>participate in</u> that meeting? 했습니까 당신은 　참여하는 것을 　　그 회의에

동사 + up(위로, 완전히)

go up 올라가다, 오르다	**go**(가다)+**up**(위로)
	Everyday, gas prices <u>go up</u> more. 매일, 　휘발유 가격이 　오른다 　더 많이
grow up 성장하다	**grow**(자라다)+**up**(위로)
	These days kids <u>grow up</u> so quickly. 요즘에는 　아이들이 　성장한다 　너무 빨리
make up 구성하다	**make**(만들다)+**up**(완전하게)
	Did you <u>make up</u> your mind? 했나요 당신은 구성하는 것을 당신의 마음을
wake up 깨어나다	**wake**(깨어서)+**up**(위로)
	It is time to <u>wake up</u>. 그것은 시간이다 　깨어나기 위한
wash up 설거지 하다	**wash**(씻어서)+**up**(위로)
	Go and help <u>wash up</u> in the kitchen. 가라 그리고 도와라 설거지하는 것을 　부엌에서
hurry up 서두르다	**hurry**(서두르다)+**up**(완전히)
	I wish the bus would <u>hurry up</u> and come. 나는 바란다 　그 버스가 하기를 서두르는 것을 그리고 오는 것을

hang up (전화를) 끊다	hang(매달다)+up(위로)
	Don't hang up the phone. 하지 말아라 끊는 것을 그 전화를
pick up 집어들다 데리러가다	pick(뽑아서)+up(위로)
	I'll pick you up at five. 내가 데리러갈게 너를 5시에
set up 설치하다	set(놓다)+up(완전하게)
	She set up her stereo in her bedroom. 그녀는 설치했다 그녀의 스테레오를 그녀의 침실에
give up 포기하다	give(주다)+up(완전하게)
	They gave up without a fight. 그들은 포기했다 싸우지 않고
dress up 치장하다	dress(옷을 입다)+up(완전하게)
	She liked to dress up. 그녀는 좋아했다 치장하는 것을
get up (앉거나 누었다가) 일어나다	get(얻다)+up(위로)
	The class got up when the teacher came in. 그 학급은 일어났다 선생님이 들어왔을 때
stand up 일어서다	stand(서다)+up(위로)
	There were no seats left so I had to stand up. 거기에는 남은 자리가 없었다 그래서 나는 해야했다 일어서는 것을
turn up (소리나 온도를) 올리다	turn(돌리다)+up(위로)
	Could you turn the TV up? 할 수 있느냐 당신은 돌리는 것을 TV소리를 위로
look up (자료나 정보를) 찾아보다	look(보다)+up(완전하게)
	You can look up a word in a dictionary. 당신은 할수 있다 찾아보는 것을 단어를 사전에서

동사+on(위에, 계속)	
get on (차나, 비행기를) 올라타다	get(얻다)+on(위에) The man is about to get on the elevator. 그 남자는 막 하려고 한다 올라타는 것을 엘리베이터에
turn on (전기, 가스, 수도를) 켜다	turn(돌려서)+on(위에) Turn on the gas to boil the rice. 켜라 가스를 쌀을 끓이기위해
put on 입다	put(두다)+on(위에) Put on your pajamas and go to bed. 입어라 네 잠옷을 그리고 자러가라.
keep on 계속해서 ~하다	keep(유지하다)+on(계속) We do not keep on this business in summer. 우리는 하지 않는다 계속해서 이 영업을 여름에는
depend on 의존하다	depend(의지하다)+on(계속) All living things depend on the sun. 모든 살아있는 것들은 의존한다 태양에
try on (옷을) 입어보다	try(시도하다)+on(위에) Would you like to try on this? 하고 싶습니까 입어보는 것을 이것을
come on 서두르다(어서 와)	come(오다)+on(계속) Come on! Everybody is waiting for you. 서둘러 모든 사람이 기다리고 있어 너를
hold on 기다리다	hold(붙들다)+on(계속) Can you hold on a minute? 할수있나요 당신은 기다리는 것을 잠시

동사 + off (멀리, 멈추다)	
get off (차나, 비행기를) 내리다	get(얻다)+off(멈추다) I didn't <u>get off</u> right stop. <small>나는 못했다 내리는 것을 올바른 정류장에서</small>
turn off (전기나 수도)를 끄다	turn(돌려서)+off(멈추다) Please <u>turn</u> the television <u>off</u>. <small>제발 돌려라 텔레비전을 멈추도록</small>
drop off 맡기다	drop(떨어뜨리다)+off(멀리) I have some items to <u>drop off</u>. <small>나는 갖고 있다 약간의 물건들을 맡기기위한</small>
put off 연기하다	put(두다)+off(멀리) They <u>put off</u> their visit for some weeks. <small>그들은 연기했다 그들의 방문을 몇 주 동안</small>
take off ①옷을 벗다(벗기다) ②이륙하다	take(잡고있는 것을)+off(멀리) He <u>took off</u> my wet boots. <small>그는 벗겼다 나의 젖은 부츠를</small> The plane <u>took off</u> an hour late. <small>그 비행기는 이륙했다 한 시간 늦게</small>
shut off 멈추다, 차단하다	shut(닫다)+off(멈추도록) The water is <u>shut off</u> today. <small>물이 있다 차단된(상태로) 오늘은</small>
call off 취소하다	call(부르다)+off(멈추도록) I'll have to <u>call off</u> the meeting. <small>나는 해야만 할거다 취소하는 것을 그 회의를</small>
go off (시한폭탄이)폭발하다, (알람이) 울리다	go(가는 것을)+off(멈추게) The bomb will <u>go off</u> in a few minutes. <small>그 폭탄은 할거다 폭발하는 것을 몇 분 내에</small>

동사 + out(바깥으로, 완전히)	
turn out 밝혀지다	turn(돌리다)+out(밖으로) How did the result turn out? 어떻게 했느냐 그 결과가 밝혀졌는지 것이
get out 나가다	get(얻다)+out(밖으로) Get out of the building as soon as possible. 나가라 건물에서 가능한한 빨리
ask out 데이트 신청하다	ask(부탁하다)+out(밖으로 나가자고) He is too shy to ask her out. 그는 있다 너무 부끄럽게 그녀에게 데이트 신청하기에
take out 가져가다, 제거하다	take(잡아서)+out(밖으로) I want two franks to take out. 나는 원한다 2개 쏘시지를 가져가기위한
check out (도서관에서 책을) 대출받다, (호텔에서)나가다	check(점검해서)+out(밖으로) Guests should check out of their room by noon. 손님들은 체크아웃해야 한다 그들의 방에서 정오까지
drop out 중퇴하다	drop(떨어지다)+out(밖으로) I had to drop out and get a job. 나는 해야 했다 중퇴하는 것을 그리고 직업을 갖는 것을
figure out 짐작해내다	figure(중요하게 생각하는 것을)+out(밖으로) I can't figure out how they did it. 나는 짐작해낼 수 없다 어떻게 그들이 그것을 했는지
find out 찾아내다	find(발견해서)+out(밖으로) They decide to find out the reason. 그들은 결정했다 찾아내기로 그 이유를

go out 외출하다	go(가다)+out(밖으로)
	We <u>go out</u> for dinner every Tuesday. 우리는 외출한다 저녁식사를 위해 매주 화요일에
work out (규칙적으로) 운동하다	work(일하다)+out(밖에서)
	I <u>work out</u> five days a week. 나는 운동한다 일주일에 5일을
break out 발생하다(발발하다)	break(깨뜨려서)+out(밖으로내보내다)
	A fire <u>broke out</u> in the neighborhood. 화재가 발생했다 근처에서
eat out 외식하다	eat(먹다)+out(밖에서)
	How many times do you <u>eat out</u> a month. 얼마나 여러 번 당신은 외식합니까 한 달에
Keep out 들어가지 않다	keep(지키고있다)+out(밖에서)
	You <u>keep out</u> of this area. 너는 들어가지 말아라 이 지역에
fill out 작성하다	fill(채우다)+out(완전히)
	Please <u>fill out</u> this registration form. 제발 작성하세요 이 등록신청서를
hang out 많은 시간을 보내다	hang(매달리다)+out(완전히)
	I <u>hang out</u> with my friends after school. 나는 많은 시간을 보낸다 내 친구들과 함께 방과 후에
sold out 매진되다(다 팔리다)	sold(팔리다)+out(완전히)
	The book <u>was sold out</u>. 그 책은 매진되었다

run out 다 떨어지다	run(달리다)+out(완전히)	
	The buffet has run out of food. 그 뷔페는 다 떨어졌다 음식이	
kick out 내몰다, 쫓아내다	kick(차서)+out(밖으로내쫓다)	
	Again, you don't kick them out. 다시는 너는 하지마라 차는 것을 그들을 밖으로	
pass out 기절하다, 나누어주다	pass(통과하다)+out(완전히) pass(건네주다)+out(밖으로)	
	I'm so hungry. I'm about to pass out. 나는 매우 배고프다 나는 막 하려고 한다 기절하는 것을	
point out 지적하다, 가리키다	point(점을)+out(밖으로끄집어내다)	
	Can you point out where we are now on this map. 할 수 있느냐/가리키는 것을/어디에 우리가 있는지/지금/이 지도 위에서	
put out (불을) 끄다	put(두어서)+out(밖으로끄집어내다)	
	Firefighters put out a fire in the building. 소방관들이 껐다 불을 그 빌딩에서	
pick out 고르다	pick(집어서)+out(밖으로끄집어내다)	
	Would you like to pick out another ring? 당신은 하고 싶습니까 고르는 것을 다른 반지를	
look out 조심하다	look(보다)+out(밖을)	
	You had better look out what you say in Court. 당신은 더 낫다 조심하는 게 당신이 말하는 것을 법정에서	
cross out 줄을 그어 지우다	cross(보다)+out(밖을)	
	Cross out the wrong answer. 줄을 그어지어라 틀린 답을	

	동사+away(멀리 떨어진)
get away (from) 떠나다, 휴가 가다	get(얻다)+away(멀리 떨어진곳을)
	We are hoping to <u>get away</u> for a few days at Easter. 우리는 <u>휴가가기</u>를 소망하고 있다 / 며칠동안 부활절에
pass away 죽다(돌아가시다)	pass(지나가다)+away(멀리 떨어진곳으로)
	His mother <u>passed away</u> last year. 그의 어머니는 돌아가셨다 작년에
take away 없애다, 제거하다	take(잡아서)+away(멀리 떨어진곳으로)
	Who will <u>take away</u> those empty bottles? 누가 치울거냐 저 빈병들을
throw away (쓰레기 등을) 버리다	throw(던지다)+away(멀리 떨어진 곳에)
	I didn't <u>throw away</u> trash here. 나는 않했다 버리는 것을 쓰레기를 여기에
put away 치우다, 정리정돈하다	put(두다)+away(멀리 떨어진 곳에)
	He washed the dishes and <u>put</u> them <u>away</u>. 그는 씻었다 접시를 그리고 그것들을 치웠다.
run away 달아나다	run(달리다)+away(멀리 떨어진 곳으로)
	He <u>ran away</u> with the money. 그는 도망갔다 그 돈을 가지고
burn away 태워버리다	burn(태워서)+away(멀리 떨어진 곳으로)
	A big fire <u>is burning away</u> everything. 큰 불이 태워버리고 있었다 모든 것을

동사 + over(너머)	
turn over (몸을) 뒤집다 (페이지를) 넘기다 (채널을) 돌리다	turn(돌려서)+over(너머로)
	The car skipped and turned over. 그 차는 미끄러졌다 그리고 뒤집혔다. Turn over your exam paper and begin. 넘겨라 네 시험지를 그리고 시작해라.
get over 넘다, 극복하다	get(얻어서)+over(너머로)
	She can't get over her shyness. 그녀는 극복할 수 없다 그녀의 수줍음을 The animals are trying to get over the fence. 동물들이 시도하고 있다 / 담장을 넘으려고
think over 심사숙고하다	think(생각해서)+over(넘기다)
	Think over what I told you. 생각해보라 무엇을 내가 말했는지 너에게
take over (기업등을) 인수하다	take(잡아서)+over(넘기다)
	CBS Records was taken over by Sony. CBS 레코드사는 인수되었다 소니에 의해

look(보다) +부사	
look at 바라보다	look(보다)+at(지점을)
	Don't look at me like that. 하지말아라 바라보는 것을 나를 그런식으로
look for 찾다	.look(보다)+for(~을 위해)
	We have to look for food. 우리는 해야만 한다 찾는 것을 음식물을

look into 꼼꼼히 들여다보다	look(보다)+into(속을)
	I just want to <u>look into</u> the future. 나는 그저 원한다 꼼꼼히 들여다보기를 미래를
look over 검토해보다	look(보고)+over(넘기다)
	Can you <u>look over</u> my report? 할 수 있나요 당신은 검토해보는 것을 내 보고서를
look like 닮아 보인다	look(보이다)+like(비슷하게)
	You <u>look like</u> my cousin. 너는 비슷하게 보인다 내 삼촌과
look after 돌보다	look(보다)+after(뒤를)
	Please <u>look after</u> the baby while I'm away. 제발, 돌보아주세요 아기를 내가 없는 동안에
look forward to 고대하다	look(보다)+forward(앞으로)+to(향하여)
	I'm <u>looking forward to</u> the weekend. 나는 고대하고 있다 그 주말을
look around 둘러보다	look(보다)+around(주변을)
	If you want, you can <u>look around</u>. 만일 당신이 원한다면 당신은 할 수 있다 둘러보는 것을

복합동사가 있는 구문..181

021
(주어+동사+목적어) 뒤에 오는 말 - 수식어

영어에서 (주어+동사+목적어) 뒤에 올 수 있는 말은 무엇이 있을까? "나는 영어를 공부한다" 라는 말을 가지고 뒤에 무엇이 올 수 있을지를 한번 생각해 보자.

  (나는 영어를 공부한다) 날마다
  (나는 영어를 공부한다) 친구와 함께
  (나는 영어를 공부한다) 대학에 들어가려고
  (나는 영어를 공부한다) 엄마에게 가르침을 받으면서

위 세 문장의 공통점은 (주어+동사+목적어) 뒤에 오는 말 모두가 동사 "공부한다"를 수식하는 수식어라는 점이다. 이것을 영어로 바꾸어보면,

  ① I study English / everyday.
    나는 공부한다 영어를 매일
  ② I study English / with my friend.
    나는 공부한다 영어를 내 친구와 함께
  ③ I study English / to enter college.
    나는 공부한다 영어를 대학에 들어가려고
  ④ I study English / in being taught by my mother.
    나는 공부한다 영어를 엄마에게 가르침을 받으면서

위의 ①은 I study English 뒤에 every라는 부사가 왔으며, ②는 with my friend라는 전치사구가 왔으며, ③에서는 to부정사가 왔으며, ④에서는 (전치사+동사ing)가 왔다. 이들의 공통점은 모두 동사 study를 수식하는 부사의 역할을 한다는 점이다. 또한 이들은 여러 개가 함께 쓰일 수도 있다.

I study English <u>with my friend</u> <u>everyday</u> <u>to enter college</u>.
　　　　　　　　전치사구　　　　　부사　　　　to부정사

I study English <u>in being taught by my mother</u> <u>to enter college</u>.
　　　　　　　전치사+동사ing　　　　　　　　　to부정사

(주어+동사+전치사) + 전치사구

이 중에서 (주어+동사+목적어)의 3박자 기본 구문 뒤에 가장 많이 사용되는 것은 전치사구이다. 전치사구란 (전치사+명사)의 형태를 갖는 수식어를 말한다. 명사는 원래 수식어가 될 수 없지만 전치사가 앞에 붙음으로 인해서 부사나 형용사 형태의 수식어로 바뀐다.

① We played tennis / for an hour.
　　나는　쳤다　테니스를　　1시간 동안

② I go to school / in the morning.
　　나는 간다　학교에　　　아침에

위 ①의 for an hour 는 동사 played 를 수식하는 부사구이고, ②의 in the morning 은 동사 go 를 수식하는 부사구이다. 그러나 이러한 전치사구 중에는 전치사가 생략되는 경우도 있다.

예를 들면,

① We played tennis / last night.
　　나는 쳤다　테니스를　　어제

② I go to school / every morning.
　　나는 간다 학교에　　매일 아침에

　위 ①의 last night과 ②의 every morning에는 시간을 나타내는 전치사 in이 있어야 하지만 last night(어제)이나 every morning(매일 아침)이라는 말이 일상생활에서 자주 사용하는 말이므로 전치사 in을 생략하였다. 이처럼 영어에서 시간을 나타내는 수식어 중에는 전치사를 생략하는 경우가 많이 있다.

　예를 들면 today(오늘), tomorrow(내일), yesterday(어제), this morning(오늘 아침), tomorrow morning(내일아침), tonight(오늘밤), last night(어제 밤) 등은 전치사를 생략한다.

① I will visit you / tomorrow morning.
　　나는 방문할거다　당신을　　내일 아침에

② I went to see a movie / yesterday.
　　나는 갔었다　　영화를 보러　　　어제

　장소를 나타내는 명사의 전치사는 생략하지 않지만 집(home)과 같이 자주 사용하는 전치사는 생략하는 것이 원칙이다.

① I go to school.
　　나는 간다　학교에

② I go home.
　　나는 간다 집에

　위 문장은 ①과 ②는 같은 유형의 문장이지만 ①은 (전치사+명사)로 되어있고 ②의 home은 전치사 to가 생략되었다.

전치사구가 여러 개 쓰일 때 어순

한 문장에서 전치사구가 여러 개 쓰일 때는 중요한 순서대로 두면 된다. 아래의 우리말에서 "9시에"가 주어 다음에 오는 이유는 시간을 나타내는 말을 강조하기 위함이다.

나는 9시에 친구와 함께 학교에서 공부할거다.

그러나 영어에서는 시간을 나타내는 전치사구가 문장에 제일 뒤에 온다. 그 이유는 말을 할 때 문장의 제일 뒤에 오는 말이 기억하기가 가장 쉽기 때문이다.

I will study with my friend at school at 9.

그러므로 영어에서 전치사구가 여러 개 나올 때는 시간을 나타내는 전치사구를 문장의 제일 뒤에 두고 그 다음에는 중요하다고 생각되는 순서대로 쓰면 된다. 위 문장에서 "with my friend"와 "at school"은 정해진 순서가 있는 것이 아니라 "with my friend"를 "at school" 보다 강조하기 위해 앞에 둔 것이다.

전치사구의 종류

시간의 전치사	
at ~에	정확한 시간 앞에 사용
	I get up <u>at six o'clock</u>. 나는 일어난다 6시에
on ~에, ~위에	정확한 날짜나 요일 앞에 사용
	I will meet him <u>on Tuesday</u>. 나는 만날 것이다 그를 화요일에

in ~에, ~안에	분명하지 않은 시간이나 날짜 앞에 사용	
	I was born in 1988. 나는 태어났다 1988년에	
until ~까지	I will study until 7. 나는 공부할겁니다 7시까지	
within ~이내에	I will return within an hour 나는 돌아올겁니다 1시간 이내에	
after ~후에	I came home after 7. 나는 왔다 집에 7시 이후에	
before ~전에	I came home before 7. 나는 왔다 집에 7시 이전에	
for ~동안	숫자로 나타나는 시간이나 기간이 올 때	
	I have studied English for 3 hours. 나는 공부했다 영어를 3시간 동안	
during ~동안	숫자가 아닌 시간이나 기간이 올 때	
	I studied English during this summer. 나는 공부했다 영어를 이번 여름 동안에	
장소의 전치사		
at ~에	정확한 지점이나 좁은 장소	
	I arrived at the bank. 나는 도착했다 은행에	
in ~에, ~안에	넓은 지점이나 어떤 장소의 안	
	I will meet him in the bank. 나는 그를 만날 겁니다 은행 안에서	
on ~위에	윗면이나 옆면에 붙어있는 상태	
	I stand on the rock. 나는 서있다 바위 위에	

over ~위에 ~너머에	넓은 범위의 위	
	A bridge is over the river. 다리가 있다 강 위에	
above ~위에	바로 위	
	We were flying above the cloud. 우리는 비행하고 있다 구름 위를	
under ~아래	넓은 범위의 아래	
	A cat is sleeping under the table. 고양이가 잠자고 있다 테이블 아래서	
below ~아래	바로 아래	
	Please do not write below this line. 제발 기록하지 마세요 이 선 아래에는	
in front of ~앞에	He was standing in front of me. 그는 서있었다 내 앞에	
behind ~뒤에	There is a small street behind the station. 거기에 한 작은 거리가 있다 기차역 뒤에	
around ~둘레에	They are sitting around their teacher. 그들은 앉아있다 선생님 주위에	
between둘 사이	I sat down between John and Kim. 나는 앉았다 존와 김 사이에	
among 셋 이상 사이	There is a house among the trees. 거기에 집이 한 채 있다 나무들 사이에	
beside 바로 옆	He sat beside her all night. 그는 앉았다 그녀 옆에 밤새도록	
near 떨어진 옆	My house is near the river. 내 집은 있다 강 근처에	

방향의 전치사		
to ~에	목적지를 향해	
	I go to school. 나는 간다 학교에	
for ~을 향해	눈에 보이는 방향을 향해	
	A dog ran for a boy. 개가 달렸다 소년을 향해	
toward ~쪽을 향해	대략적인 방향을 향해	
	I walked toward the store. 나는 걸었다 그 가게를 향하여	
from ~로부터	The train started from Seoul. 그 기차는 출발했다 서울에서	
up 위쪽으로	He lives up the river. 그는 산다 강 위쪽에	
down 아래쪽으로	He jumped down the tree. 그는 뛰었다 나무 아래쪽으로	
into 안으로	They came into the room. 그들은 왔다 방 안으로	
out of 밖으로	They came out of the room. 그들은 왔다 방 밖으로	
through 통과하여	They walked through the wood. 그들은 걸었다 숲을 통과하여	
관계의 전치사		
of ~의	It is a pen of my father. 그것은 펜이다 우리 아버지의	

for ~을 위하여	It is a book for children. 그것은 책이다 어린이를 위한
because of ~ 때문에	I am tired because of the work. 나는 피곤하다 그 일 때문에
with ~와 함께	I go to school with my brother. 나는 간다 학교에 내 형제와 함께
by ~을 수단으로	The house is heated by gas. 그 집은 난방을 한다 가스로
instead of ~대신에	He is playing instead of working. 그는 놀고 있다 일하는 것 대신에

022
(주어+be동사+보어) 뒤에 오는 말 - 수식어

영어에서 (주어+be동사+보어) 뒤에 올 수 있는 말은 무엇이 있을까? 우리말 "나는 학생으로 있다" 라는 말을 가지고 뒤에 무엇이 올 수 있을지를 한번 생각해 보자.

(나는 학생을 있다) 지금
(나는 학생으로 있다) 이 학교에서
(나는 학생으로 있다) 영어를 공부하기위해
(나는 학생으로 있다) 선생님들에게 가르침을 받으면서

위 세 문장의 공통점은 (주어+be동사+보어) 뒤에 오는 말들이 동사 "있다" 를 수식한다는 점이다. 이것을 영어로 바꾸어보면.

① I am a student / now.
　　나는 학생으로 있다　　지금
② I am a student / at this school.
　　나는 학생으로 있다　　이 학교에서
③ I am a student / to study English.
　　나는 학생으로 있다　　영어를 공부하기위해
④ I am a student / in being taught by teachers.
　　나는 학생으로 있다　　가르침을 받음 안에서 선생님들에 의해

be동사 다음에 형용사가 오는 문장인 "나는 행복하게 있다" 뒤에 오는 문장도 위에서처럼 4가지 유형의 말이 올 수 있다.

(나는 행복하게 있다) 지금
(나는 행복하게 있다) 이 학교에서
(나는 행복하게 있다) 선생님들을 만나서
(나는 행복하게 있다) 선생님들에게 가르침을 받으면서

이것을 영어로 바꾸어보면 다음과 같다.

① I am happy / now.
　나는 행복하게 있다　　지금
② I am happy / at this school.
　나는 행복하게 있다　　이 학교에서
③ I am happy / to meet teachers.
　나는 행복하게 있다　　선생님들을 만나서
④ I am happy / in being taught by teachers.
　나는 행복하게 있다　가르쳐짐 안에서　　선생님들에 의한

자주 사용되는 (be동사+형용사+전치사) 구문

(주어+be동사+보어) 뒤에는 목적어가 바로 올 수 없기 때문에 목적어가 오려면 연결어인 전치사가 있어야 한다. 그러므로 (be동사+형용사)와 (목적어)를 이어주는 적당한 전치사를 찾는 것이 중요하다. 예를 들면 "나는 근심에서 자유롭다"라는 우리말을 보면,

나는 / 자유롭다 / 근심에서
주어　 be동사+형용사　 목적어

위에서 중요한 것은 "근심에서" 라는 목적어에서 조사인 "에서" 라는 말을 대신할 영어를 무엇으로 쓰느냐는 것이다.

I am / free / from care.
나는 있다 자유롭게 근심으로부터

영문에서는 from 이라는 전치사를 사용하였다. 여기서 우리가 알아야 할 중요한 사실은 영어에서는 (주어+be동사+형용사) 뒤에 오는 전치사는 거의 숙어처럼 공식적으로 사용된다는 것이다. 그러므로 be free from 을 "~에서 자유롭다" 라는 식으로 외우는 것이 좋다.

be free from ~에서 자유롭다	I am free from care. 나는 자유롭다 근심에서
be mad at ~에게 미친 듯이 화를 내다	Don't be mad at me. 말아라 미친 듯이 화내지 내게
be honest with ~에게 정직하다	I want to be honest with you. 나는 원한다 정직하기를 당신에게
be grateful to ~에 고마워하다	I am grateful to you for your help. 나는 고마워한다 당신에게 당신의 도움 때문에
be helpful to ~에게 도움이 된다	He is helpful to me. 그는 도움이 된다 나에게
be blind to ~에 눈이 멀다	He is blind to the beauties of nature. 그는 눈이 멀었다 자연의 아름다움에
be deaf to ~에 귀를 막다	He is deaf to all advice. 그는 귀를 막았다 모든 충고에

be popular with ~에게 인기가 있다	He is popular with other girls. 그는 인기가 있다 다른 소녀들에게
be anxious about ~에 대해 염려하다	I am anxious about the interview. 나는 염려한다 그 인터뷰에 대해
be anxious for ~를 열망한다	They are anxious for peace. 그들은 염려한다 평화를
be famous for ~로 유명하다	This place is famous for its scenery. 이곳은 유명하다 그것의 경치로
be careful of ~를 조심하다	Be careful of those steps. 조심해 저 계단들을
be conscious of ~를 알고 있다	He was conscious of the plot. 그는 알고있다 줄거리를
be desirous of ~를 탐내다	He is desirous of his success. 그는 탐낸다 그의 성공을
be certain of ~를 확신하다	I am certain of his honesty. 나는 확신한다 그의 정직함을
be independent of ~에게서 독립하다	I am independent of my parents. 나는 독립했다 내 부모님에게서
be fit for ~에게 꼭 맞는	The clothes is fit for her. 그 옷들은 꼭 맞다 그녀에게
be innocent of ~를 알아채지 못하다	He is innocent of a danger. 그는 알아채지 못한다 위험을
be short of ~가 부족하다	We were short of gas. 우리는 부족하다 휘발유가
be afraid of ~를 두려워하다	I am afraid of dogs. 나는 두려워한다 개들을

be essential to ~에 필수적이다	Oxygen is essential to life. 산소는 필수적이다 생명에
be patient of ~를 참다	I am patient of insults. 나는 참는다 모욕을
be jealous of ~를 질투하다	She is jealous of a winner. 그녀는 질투한다 승자를
be envious of ~를 부러워하다	She is envious of his success. 그녀는 부러워한다 그의 성공을
be ignorant of ~에 무지하다	She is ignorant of city way. 그녀는 무지하다 도시 생활에
be proud of ~를 자랑스러워하다	His parents are proud of him. 그의 부모는 자랑스러워한다 그를
be late for ~에 늦다	She was late for the meeting. 그녀는 늦었다 그 회의에
be responsible for ~에 책임이 있다	I am responsible for the accident. 나는 책임이 있다 그 사고에
be bound for ~행이다	The airplane is bound for Paris. 그 비행기는 행이다 파리
be content with ~에 만족하다	I can't be content with your work. 나는 할 수 없다 만족하는 것을 너의 일에
be familiar with ~에 익숙하다	I am familiar with his name. 나는 익숙하다 그의 이름에
be familiar to ~에게 친근하다	His name is familiar to everyone. 그의 이름은 친근하다 모든 사람에게
be strict with ~에 엄격하다	I am strict with my boy. 나는 엄격하다 내 아들에게

be fond of ~를 좋아한다	I am fond of music. 나는 좋아한다 음악을
be capable of ~에 능숙하다	I am capable of swimming. 나는 능숙하다 수영에
be aware of ~를 알아차리다	I am aware of the situation. 나는 알아차렸다 그 상황을
be similar to ~와 유사하다	I am similar to my father. 나는 유사하다 우리 아버지와
be harmful to ~에게 해롭다	Such insects are harmful to men. 그러한 곤충들은 해롭다 사람들에게
be inferior to ~보다 열등하다	His position is inferior to mine. 그의 지위는 열등하다 나의 것보다
be subject to ~에 종속되어 있다	The child is subject to cold. 그 어린이는 종속되어 있다 감기에
be sensitive to ~에 민감하다	She is sensitive to heat. 그녀는 민감하다 열에
be alien to ~에 생소하다	He is alien to my thoughts. 그는 생소하다 나의 생각에
be due to ~에 기인하다	The fail is due to your ignorance. 그 실패는 기인한다 너의 무지에
be indifferent to ~에 무관심하다	She was indifferent to me. 그녀는 무관심하다 내게

be동사+과거분사+전치사

(be동사+형용사+전치사) 구문 중에는 형용사 대신 과거분사가 와서 (be 동사+과거분사+전치사)의 형태를 띠는 구문이 있다.

be finished with ~를 끝내다	When will you be finished with the report? 언제 / 당신은 끝낼건가요 / 그 보고서를
be impressed with ~에 감동하다	He was impressed with her gift. 그는 감동받았다 그녀의 선물에
be interested in ~에 흥미가 있다	He is interested in music. 그는 흥미가 있다 음악에
be involved in ~에 몰두하다	He is being involved in his work. 그는 몰두하고 있다 그의 일에
be known for ~로 유명하다	He is known for his good brain. 그는 유명하다 그의 좋은 머리로
be limited to ~로 제한하다	It will be limited to 100 students. 그것은 제한될겁니다 100명의 학생으로
be located in ~에 위치하다	My house is located in Busan. 우리집은 위치하고 있다 부산에
be made of ~를 (원료로) 만들다	The pipes is made of plastic. 그 파이프들은 만든다 플라스틱으로
be made from ~를 (재료로) 만들다	Gasoline is made from oil. 휘발유는 만든다 오일로
be married to ~와 결혼하다	My sister is married to a soldier. 내 누이는 결혼했다 군인과
be opposed to ~에 반대하다	I'm not opposed to the project. 나는 반대하지 않는다 그 계획에
be pleased with ~을 기뻐하다	She was pleased with the gift. 그녀는 기뻐했다 그 선물을
be prepared for ~을 위한 준비가 되다	We are prepared for the debate. 우리는 준비되어 있다 논쟁을 위해

be protected from ~로부터 보호하다	Children should <u>be protected from</u> sun demage. 어린이들은 / 보호해야만 한다 / 태양손상으로부터
be provided with ~을 공급받다	Flood victims must <u>be provided with</u> food from the government. 수재민들은 / 공급받아야 한다 / 음식물을 / 정부로부터
be related to ~와 관련이 있다	He seems to <u>be related to</u> this accident. 그는 / 관련이 있어 보인다 / 그 사고와
be tired of ~에 싫증나다	I'm <u>tired of</u> this stupid TV show. 나는 싫증이났다 이 바보같은 TV쇼에
be tired from ~때문에 피곤하다	She's <u>tried from</u> hard working for a long time. 그녀는 / 피곤하다 / 고된 일로 / 오랜 시간
be satisfied with ~에 만족하다	I'm <u>satisfied with</u> my English ability. 나는 / 만족한다 / 내 영어실력에
be scared of ~가 무섭다	I <u>am not scared of</u> climbing trees. 나는 / 무섭지 않다 / 나무에 오르는 것이
be surprised at ~에 놀라다	Everybody <u>was surprised at</u> the news. 모두가 놀랐다 그 소식에
be used to ~에 익숙하다	She <u>is used to</u> sleeping late. 그는 익숙하다 늦잠 자는데
be worried about ~가 걱정되다	I <u>am always worried about</u> your impatient character. 나는 / 항상 걱정한다 / 너의 참을성 없는 성격에 대해

(주어+be동사+형용사) +to부정사

(주어+be동사+보어) 뒤에 to부정사는 언제든지 올 수 있지만 그럼에도 to부정사가 자주 오는 (be동사+형용사)는 외워두는 것이 좋다.

be happy to~ ~해서 행복하다	I'm happy / to meet you. 나는 행복하다　당신을 만나서
be sorry to~ ~해서 미안하다	I'm sorry / to be late. 나는 미안하다　늦어서
be pleased to~ ~해서 미안하다	I'm pleased / to be able to do it. 나는 기쁘다　할 수 있게 되어서 그것을
be sure to~ 반드시 ~하다	Be sure / to fasten your seat belt. 반드시 해라　매는 것을 너의 안전벨트를
be afraid to~ ~하는 것을 두려워하다	Don't be afraid / to be creative. 두려워하지 마라　창조적으로 되는 것을
be surprised to~ ~를 하고 놀라다	You will be very surprised / to see me. 너는 매우 놀랄 것이다　나를 보고
be amazed to~ ~를 하고 놀라다(감탄하다)	You will be amazed / to see his other painting. 너는 매우 놀랄 것이다 그의 다른 그림을 보고

(It is + 형용사) + to부정사

(It is+형용사)+to부정사의 형태를 띠는 구문도 외워두는 것이 좋다.

It is good to~ 그것은 좋다 ~하는 것은	It's good / to be home. 그것은 좋다　집에 있는 것은
It is best to~ 그것은 가장 좋다 ~하는 것은	It's best / to arrive on time. 그것이 가장 좋다　제 시간에 도착하는 것은
It is bad to~ 그것은 나쁘다 ~하는 것은	It is bad / to think too much. 그것은 나쁘다　그렇게 많이 생각하는 것은

(It+be동사+형용사)+for사람+to부정사

It is easy for me to~ 그것은 쉽다 내게 ~하는 것은	It is easy for me / to do so. 그것은 쉽다 내게 그렇게 하는 것은
It is difficult for me to~ 그것은 어렵다 내게 ~하는 것은	It is difficult for me / to comment. 그것은 어렵다 내게 논평 하는 것은
It is hard for me to~ 그것은 힘들다 내게 ~하는 것은	It's hard for me / to put in to words. 그것은 힘들다 내게 말로 표현하는 것은

(It+be동사+형용사)+of사람+to부정사

It is nice of you to~ 그것은 멋지다 네가 ~하는 것은	It is nice / of you to do so. 그것은 멋지다 네가 그렇게 하는 것은
It is kind of you to~ 그것은 친절하다 네가 ~하는 것은	It is kind / of you to help me. 그것은 친절하다 네가 나를 도와주는 것은
It is good of you to~ 그것은 좋다 네가 ~하는 것은	It is good / of you to invite me. 그것은 좋다 네가 나를 초대해주는 것은
It is clever of you to~ 그것은 영리하다 네가 ~하는 것은	It's clever / of you to make it. 그것은 영리하다 네가 그것을 만드는 것은
It is cruel of you to~ 그것은 잔인하다 네가 ~하는 것은	It's very cruel / of you to hit the little child. 그것은 매우 잔인하다 네가 어린아이를 때리는 것은

be동사+형용사+that명사절

be happy that ~해서 행복하다	I am happy that / you enter a college. 나는 행복하다　　네가 대학에 들어가서
be pleased that ~해서 기쁘다	I am pleased that / I give you a good news. 나는 기쁘다　나는 네게 좋은 소식을 주게돼서
be glad that ~해서 기쁘다	I am so glad that / you found me. 나는 기쁘다　　당신이 나를 발견해서
be disappointed that ~해서 실망스럽다	I am disappointed that / you forgot me. 나는 실망스럽다　　네가 나를 잊어서
be surprised that ~해서 깜짝 놀라다	I am surprised that / she visited me. 나는 깜짝 놀랐다　　그녀가 나를 방문해서
be amazed that ~해서 대단히 놀라다	They are amazed that / I actually do this. 그 들은 대단히 놀랐다　　내가 실제로 이것을 해서
be sure that ~라는 것을 확신한다	I am sure that / you will pass the exam. 나는 확신한다　　네가 그 시험에 합격할 것을
be afraid that ~하는 것이 염려스럽다	I am afraid that / you will not pass the exam. 나는 염려스럽다　네가 그 시험에 합격하지 못할까봐
be sorry that ~해서 미안하다	I am sorry that / I give you a bad news. 나는 미안하다　　내가 네게 안좋은 소식을 주게돼서

(It+be동사+과거분사)+that 명사절

It is known that ~ ~라는 것은 알려져있다	It is known that time is gold. 그것은 알려져있다　시간이 금이라는 것은

It is important that ~ ~하는게 중요하다	It is important that we protect that. 그것이 중요하다 우리가 그것을 보호하는
It is significant that ~ ~하는 것은 특별한 의미가 있다	It is significant that you should go there. 그것은 특별한 의미가 있다 당신이 거기에 가야만 하는 것은
It is necessary that ~ ~하는 것은 꼭 필요하다	It is necessary that you attend the meeting today. 그것은 꼭 필요하다 / 당신이 오늘 그 회의에 참석하는 것은
It is no surprise that ~ ~라는 것은 놀라운 일이 아니다	It's no surprise that people are angry. 그것은 놀라운 일이 아니다 사람들이 화가 나는 것은

023
2개의 문장이 있는 구문 - 접속사구문

부사절접속사

문장 중에는 주절과 부사절이 연결된 구문이 있다. 이 때 주절과 부사절을 연결하는 접속사가 〈부사절접속사〉이다.

예를 들면.

I'm going to take a shower when I get home.
　　나는 샤워를 할 겁니다　　　　나는 집에 도착하면
　　　　　주절　　　　　　　　　　　부사절

부사절구문을 강조할 때는 문장의 앞부분으로 온다. 이때는 부사절이 앞으로 오는 비정상적인 문장이므로 두 문장 사이는 콤마로 연결한다.

When I get home, I'm going to take a shower.
　나는 집에 도착하면　　나는 샤워를 할 겁니다
　　　부사절　　　　　　　　주절

원래는 접속사가 있는 부사절구문이 뒤쪽에 오는 것이 정상이지만 실제 영어에서는 부사절 구문이 앞쪽으로 오는 경우가 더 많다.

부사절접속사는 미래시제를 사용할 수 없다

주절과 부사절은 시제가 일치하는 것이 원칙이다. 그러나 주절의 동사가 미래시제일 경우에는 부사절의 동사는 미래시제 대신에 현재시제를 사용한다. 예를 들면,

I will enter high school when I am 16 years old.
나는 고등학교에 들어갈 것이다   나는 16살이 되면

위 문장에서 주절의 시제는 미래이지만 부사절의 시제는 현재시제인 이유는 부사절에는 미래시제를 쓸 수 없는 원칙 때문이다.

부사절접속사의 종류

when ~할 때	같은 기간에 발생한 일에 사용 I loved history when I was at school. 나는 역사를 좋아했다 나는 학교에 다닐 때
while ~하는 동안에	같은 시간 때에 발생한 일에 사용 You can go swimming while I'm having lunch. 너는 수영하러 갈 수 있다 내가 점심을 먹는 동안에
as ~할 때에	동시적으로 발생한 일에 사용 He was watching her as she was ready. 나는 지켜보고 있었다 그녀를 그녀가 준비할 때에
as soon as ~하자마자	As soon as he saw me, he ran away. 그는 나를 보자마자 그는 도망갔다

after ~후에	I'll call you <u>after I've spoken to them</u>. 나는 전화할 겁니다 당신에게 / 내가 그들에게 말한 후에
before ~전에	I got up <u>before the sun rose</u>. 나는 일어났다 해가 돋은 후에
until ~할 때까지	I will support him <u>until he finds work</u>. 나는 후원할 것이다 그를 그가 일자리를 찾을 때까지
where ~하는 곳에	Sit <u>where you like</u>. 앉아라 네가 좋아하는 곳에
so that ~하기 위해	He works hard <u>so that he may succeed</u>. 그는 일한다 열심히 그는 성공하기 위하여
because ~때문에	She went shopping <u>because the weather was good</u>. 그녀는 갔다 쇼핑을 / 날씨가 좋았기 때문에
if 만약 ~이라면	<u>If it rains tomorrow</u>, I will not go shopping. 만약 비가 온다면 내일 나는 가지 않을 것이다 쇼핑을.
unless ~하지 않는다면	I will not go to school tomorrow <u>unless I feel better</u>. 나는 학교에 가지 않을 것이다 내일 / 내가 몸상태가 더 좋아지지 않는다면
although 비록~일지라도	<u>Although he was late</u>, he went to school. 비록 그는 늦었을지라도 그는 갔다 학교에
as ~처럼	Do in Rome <u>as the Romans do</u>. 하라 로마에서는 로마인이 하는 것처럼
than ~보다	He is taller <u>than I (am tall)</u>. 그는 더 크다 / 나보다
as if 마치 ~인 것처럼	The child talks <u>as if he were an adult</u>. 그 어린애는 말한다 마치 그가 어른인 것처럼 *as if로 시작하는 부사절의 be동사는 무조건 were를 사용한다.

동등접속사

문장 중에는 두 개의 문장이 동등하게 연결된 구문이 있다. 이것을 가리켜 "동등절구문" 이라고 하고 동등한 2개의 구문을 연결한 접속사를 가리켜 "동등접속사" 라고 부른다.

예를 들면,

① A boy and a girl are studying together.
　　한 소녀와 소년이　　공부하고 있다　함께

② I did my homework and went for a walk.
　　나는 숙제를 했다 그리고 산책하러 갔다

위의 ①은 명사인 a boy와 a girl이 동등접속사 and로 연결되었으며, ②는 동사로 시작하는 did my homework와 went for a walk가 동등접속사 and로 연결되었다.

동등접속사는 같은 것을 연결한다

동등접속사에서 주의할 점은 동등접속사로 연결되는 것들은 같은 모양을 가진다는 것이다. 명사는 명사끼리, 구는 구끼리, 절은 절끼리 연결해야 하며 to부정사구문은 to부정사끼리 그리고 분사구문은 분사구문끼리 연결해야 한다. 예를 들면

① These oranges are sweet and fresh.
　　이 오렌지들은　있다　달콤한 그리고 신선한(상태로)

② These oranges and apples are sweet.
　　이 오렌지들과 사과들은　　　달콤하다

③ I washed and dried the oranges.
　　나는 씻었다 그리고 말렸다　그 오렌지들을

④ I am washing and drying the oranges.
　　나는 있다 씻으면서 그리고 말리면서　그 오렌지들을

⑤ I ate the fruit happily and quickly.
　　나는 먹었다 그 과일을　행복하게 그리고 재빨리

⑥ I enjoy biting into a fresh orange and tasting the
　　나는 즐긴다　씹는 것을 신선한 오렌지 속을 그리고 맛보는 것을 그
juicy sweetness.
즙의 달콤함을

⑦ I like to bite into a fresh orange and taste the juicy
　　나는 좋아한다　씹는 것을 신설한 오렌지 속을　그리고 맛보는 것을 그
sweetness.
즙의 달콤함을

⑧ Oranges, apples, and kiwis are kinds of fruit.
　　오렌지와　사과와 키위는　　　있다　일종의 과일로

⑨ The colors of these fruits are yellow, red, and green.
　　이 과일들의 색깔은　　　　있다 노란색과 빨간색 그리고 초록색으로

동등접속사의 종류

Ⓐ and / 그리고

I did my homework and watched TV.
나는 했다 내 숙제를　　그리고 보았다 TV를

Ⓑ both A and B / A와 B 모두

① Both she and her sister can play the piano.
　　그녀와 그녀의 여동생 모두　칠 수 있다　피아노를

② She is both beautiful and kind.
　　그녀는 있다　예쁜(상태)와 친절한(상태) 모두로

Ⓒ or / 또는

Would you like coffee or tea?
당신은 하고 싶습니까 커피나 또는 티를

Ⓓ either A or B / A거나 또는 B

We want you to answer with either yes or no.
우리는 원한다 너에게 답변하기를 예스거나 또는 노를 가지고

Ⓔ neither A nor B / A도 B도 아닌

I have neither money nor job.
나는 어느 것도 없다 돈도 직업도

Ⓕ but / 그러나

It's cheap but very good.
그것은 싸다 그러나 매우 좋다

Ⓖ not only but also / A 뿐만 아니라 B도

① She is not only beautiful but also kind.
그녀는 있다 예쁠 뿐 아니라 그러나 친절한(상태로)

② Not only you but also I am wrong.
너 뿐 아니라 나도 있다 잘못한(상태로)

문두접속사

문두접속사란 앞 문장과 연결하기 위해서 다음 문장의 앞에 붙이는 접속사를 말한다. 동등접속사와 다른 점은 앞 문장이 마침표나 쉼표로 끝난 다음에 문두접속사가 온다는 점이다.

예를 들면,

① It's cheap but very good.
　　그것은　 싸다 그러나 매우 좋다

② It's cheap, but it's very good.
　　그것은 싸다　 그러나 그것은 매우 좋다

위 ①의 but은 cheap와 very good을 비교하기 위한 동등접속사이지만, ②의 but은 앞 문장과 연결해서 새롭게 시작하는 문두접속사이다.

문두접속사의 종류

Ⓐ and / 그리고

① I cooked lunch. And I made a cake.
　　나는 요리했다 점심을.　그리고 나는 만들었다 케익을

② I cooked lunch. And then I made a cake.
　　나는 요리했다　점심을.　 그런 다음　나는 만들었다 케익을

Ⓑ but / 그러나

He is rich, but his brother is poor.
그는 부자다　그러나 그의 동생은 가난하다

Ⓒ so (that) / 그래서

① It was still painful, so (that) I went to see a doctor.
　　그것은 여전히 아팠다　　　그래서　 나는 갔다　 의사를 보러

② She is so fat that she can hardly walk.
　　그녀는 너무 살쪘다 그래서 그녀는 거의 걸을 수 없다

Ⓓ because / 왜냐하면

I did it, <u>because</u> he told me to do.
나는 그렇게 했다 왜냐하면 그가 내게 그렇게 하라고 했기 때문이다.

Ⓔ for / 왜냐하면

We believed him, <u>for</u> he would never lie / to us.
우리는 믿었다 그를   왜냐하면 그는 결코 거짓말하지 않았기 때문이다/우리에게

접속사 for는 because와 같은 용도이지만 문어체에만 사용되며 문장의 말미에만 위치해야 한다.

Ⓕ since / 때문에

<u>Since</u> it's raining/outside, we should stay/home.
비가 내리고 있기 때문에/밖에   우리는 머물러야 한다/집에

접속사 since는 because나 for보다 약한 이유에 대해 사용하며 문두나 문미 모두에 사용할 수 있다.

문두접속사의 역할을 하는 부사
문장의 앞에서 문두접속사의 기능을 하는 부사들이 있다. 예를 들면

① He had a bad cold. <u>However</u>, he went to school.
그는 독감에 걸렸다   그럼에도 불구하고 그는 학교에 갔다

② He had a bad cold. He, <u>however</u>, went to school.
그는 독감에 걸렸다   그는 그럼에도 불구하고 학교에 갔다

위 문장에서 however는 접속사가 아니라 부사이므로 ②처럼 주어와 동사 사이에 위치할 수도 있고 또한 문장의 머리에 올 수도 있다. 그러나 부사가 아니라 접속사로 쓰이기 때문에 반드시 콤마를 해 주어야 한다. 문장의 앞에서 접속사 역할을 하는 부사는 다음과 같다.

Ⓐ however, nevertheless / 그럼에도 불구하고

① He had a bad cold. However, he went to school.
　그는 독감에 걸렸다.　　　그럼에도 불구하고 그는 학교에 갔다

② He had a bad cold. Nevertheless, he went to school.
　그는 독감에 걸렸다.　　　그럼에도 불구하고 그는 학교에 갔다

Ⓑ on the other hand / 반면에

He is rich. On the other hand, his brother is poor.
그는 부자다　　　반면에　　　그의 동생은 가난하다

Ⓒ otherwise / 그렇지 않으면

Study hard. Otherwise, you will fail the exam.
공부해라 열심히　그렇지 않으면 너는 떨어질 것이다 그 시험에

III
한국말로 배우는
3박자 끊어읽기 영어
[연습문제]
Training

Ⓐ be동사 구문(긍정)

1)내 어머니는/있다/한 가정주부로	2)그는/있다/내 삼촌으로
3)그는/있다/결혼한(상태로)	4)나는/있다/아픈(상태로)
5)나의 아버지는/있다/살찐(상태로)	6)나의 엄마는/있다/마른(상태로)
7)나의 삼촌은/있다/키가 큰(상태로)	8)나의 이모는/있다/키가 작은(상태로)
9)그들은/있다/건강한(상태로)	10)나는/있다/한 요리사로
11)당신은/있다/한 치과의사로	12)그녀는/있다/한 교수로
13)그들은/있다/군인들로	14)우리는/있다/대학생들로
15)우리는/있다/즐거운(상태로)	16)나는/있다/한국으로부터
17)나는/있다/바쁜(상태로)	18)나는/있다/추운(상태로)
19)나는/있다/더운(상태로)	20)나는/있다/목마른(상태로)
21)그는/있다/두려운(상태로)	22)그녀는/있다/피곤한(상태로)
23)우리는/있다/지루한(상태로)	24)그 아기는/있다/귀여운(상태로)
25)그들은/있다/똑똑한(상태로)	26)그 의자는/있다/편안한(상태로)
27)그 물은/있다/가득찬(상태로)	28)그 책은/있다/재미있는(상태로)
29)그 음식은/있다/맛있는(상태로)	30)그는/있다/웃기는(상태로)

(1)My mother/is/a housewife. (2)He/is/my uncle. (3)He/is/married.
(4)I/am/sick. (5)My father/is/fat. (6)My mother/is/skinny.
(7)My uncle/is/tall. (8)My aunt/is/short. (9)They/are/healthy.
(10)I/am/a cook. (11)You/are/a dentist. (12)She/is/a professor.
(13)They/are/soldiers. (14)We/are/college students.
(15)We/are/joyful. (16)I/am /from Korea. (17)I/am/busy. (18)I/am/cold.
(19)I/m/hot (20)I/am/thirsty. (21)He/is/afraid. (22)She/is/tired.
(23)We/are/bored. (24)The baby/is/cute. (25)They/are/smart.
(26)The chair/is/comfortable. (27)The water/is/full.
(28)The book/is /interesting. (29)The food/is/delicious. (30)He/is/funny.

be동사 구문(긍정)

1)그 날씨가/있다/좋은(상태로)	2)그 날씨가/있다/나쁜(상태로)
3)그것은/있다/내 가방으로	4)이것은/있다/네 코트로
5)이 꽃은/있다/예쁜(상태로)	6)이 컴퓨터는/있다/편리한(상태로)
7)네 질문은/있다/어려운(상태로)	8)나는/있다/집에
9)그는/있다/학교에	10)너는/있다/늦은(상태로) *늦게 왔다
11)너는/있다/이른(상태로)*일찍 왔다	12)그녀는/있다/직장에
13)그것은 있다/햇볕이 난(상태로)/오늘은 *it은 날씨를 나타내는 대명사	
14)그것은 있다/비가 오는(상태로)/오늘은	
15)그것은 있다/구름이 낀(상태로)/오늘은	
16)그것은 있다/눈이 오는(상태로)/오늘은	
17)그것은 있다/폭풍이 부는(상태로)/오늘은	
18)그것은 있다/안개가 낀(상태로)/오늘은	
19)그녀는/있다/한 간호사로	20)나는/있다/18살로
21)너는/있다/내 남자형제로	22)그는/있다/내 아버지로
23)나의 아버지는/있다/한 선생님으로	24)그녀는/있다/내 어머니로

(1)The weather/is/nice. (2)The weather/is/bad. (3)It/is/my bag.
(4)This/is/your coat. (5)This flower/is/beautiful.
(6)This computer/is/convenient. (7)Your question/is/difficult.
(8)I/am/home. (9)He/is/at school. (10)You/are/late.
(11)You/are/early. (12)She/is/at work. (13)It's/sunny/today.
(14)It's/rainy/today. (15)It's/cloudy/today. (16)It's/snowy/today.
(17)It's/stormy/today. (18)It's/misty/today. (19)She/is/a nurse.
(20)I/am/eighteen years old. (21)You are/my brother.
(22)He/is/my father. (23)My father/is/a teacher.
(24)She/is/my mother.

be동사 구문(부정)

1)나는/아니다/택시 운전사가	2)당신은/아니다/의사가
3)그는/아니다/음악가가	4)그녀는/아니다/미술가가
5)그들은/아니다/월급쟁이들이	6)나는/아니다/행복한게
7)나는/아니다/추운게	8)너는/아니다/바쁜게
9)그녀는/아니다/슬픈게	10)그들은/아니다/부유한게
11)우리는/아니다/연약한게	12)그것은/아니다/비싼게
13)그 손목시계는/아니다/싼게	14)이 꽃은/아니다/아름다운게
15)서울은/아니다/작은 도시가	16)그는/없다/그 방에
17)그것은 없다/바람부는게/오늘은	18)내 손은/있지않다/찬(상태로)
19)토네이도는/없다/한국에	20)날씨는/아니다/좋은게/오늘은
21)그녀는/없다/집에	22)그는/없다/일터에
23)그는/아니다/늦은게	24)나는/아니다/18살이
25)우리 아버지는/아니다/한 기술자가	26)그 은행은/아니다/닫힌게
27)그는/아니다/어린게	28)그녀는/아니다/화난게
29)그것은/아니다/복잡한게	30)그 기계는/아니다/편리한게

(1)I'm not/a taxi driver. (2)You're/not/a doctor. (3)He's/not/a musician. (4)She's/not/an artist. (5)They're/not/salarymen. (6)I'm/not/happy. (7)I'm/not/cold. (8)You're/not/busy. (9)She's/not/sad. (10)They're/not/rich. (11)We're/not/weak. (12)It's/not/expensive. (13)The watch/is not/cheap. (14)This flower/is not/beautiful. (15)Seoul/ is not/a small city. (16)He/ isn't/ in the room. (17)It isn't/windy/today. (18)My hand / isn't /cold. (19)Tornado/ isn't/in Korea. (20)The weather/is not/good/today. (21)She/isn't/at home. (22)He/ isn't/at work. (23)He's/not/late. (24)I'm /not/eighteen. (25)My father/is not/an engineer. (26)The bank/is not/closed. (27)He's/not/young. (28)She's/not/angry. (29)It's/not/complicated. (30)The machine/is not/convenient.

be동사 구문(부정/의문)

1) 나는 있었다/집에/어제	2) 어제/나는 있었다/피곤해
3) 그는 있었다/침대에/오늘 아침에	4) 나는 있었다/배고프게/오늘 오후에
5) 그녀는 있었다/파티에/어제 밤에	6) 그것은 있었다/비싸게/지난 달에는
7) 그는 있었다/늦은(상태로)/오늘	8) 그것은 있었다/춥게/오늘 아침은
9) 우리는 없었다/여기에/지난 일요일에	10) 그것은 않았었다/비싸지/작년에는
11) 나는/아니었다/늦은게	12) 어제/그것은 있었다/추운(상태로)
13) 어제는/날씨가 아니었다/나쁘게	14) 우리는/없었다/거기에
15) 그녀는/없었다/집에	16) 그것은 아니었다/더운게/작년에는
17) 메리는 없었다/사무실에/오늘 오후에	18) 있느냐/ 당신은/존으로?
19) 있느냐/그는/한 선생님으로?	20) 있느냐/그녀는/한 의사로?
21) 있느냐/그들은/학생들로?	22) 있느냐/나는/늦은(상태로)?
23) 있느냐/ 네 아버지는/집에?	24) 있느냐/그 드레스는/새것으로?
25) 있느냐/네 직업은/흥미로운 것으로?	26) 있느냐/그 병원은/이 근처에?
27) 있느냐/ 그 사무실은/열린(상태로)?	28) 계시냐/네 부모님은/잘?
29) 있느냐/너는/일본으로부터?	30) 있느냐/ 너는/결혼한(상태로)?

(1) I was/at home/yesterday. (2) Yesterday /I was/tired. (3) He was /in bed/ this morning. (4) I was/hungry/this afternoon. (5) She was/at the party/last night. (6) It was/expensive/last month. (7) He was/late/today. (8) It was/cold/this morning. (9) We were not/ here/last Sunday. (10) It wasn't/expensive/last year. (11) I/wasn't/ late. (12) Yesterday/it was/cold. (13) Yesterday/the weather was not/bad. (14) We/were not/there. (15) She was not/at home. (16) It was not/hot/last year. (17) Mary was not/at the office/this afternoon. (18) Are/you/John? (19) Is/he/a teacher? (20) Is/she/a doctor? (21) Are/they/students? (22) Am/I/late? (23) Is/your father/at home? (24) Is/the dress/new? (25) Is/your job/interesting? (26) Is/the hospital /near here? (27) Is/the office/open? (28) Are/your parents/well? (29) Are/you/from Japan? (30) Are/you/married?

be동사 구문(의문)

1)있느냐/너는/이혼해?	2)있느냐/너는/임신해?
3)있느냐/너는/피곤해?	4)있느냐/이것들은/네 열쇠들로?
5)있느냐 그것은/좋은 날씨로/오늘은?	6)어디에/있느냐/네 스마트폰은?
7)어떻게/계시냐/네 부모님은?	8)왜/있느냐 너는/늦어서?
9)왜/있느냐 너는/그렇게 일찍?	10)누구로/있느냐/너는?
11)무엇으로/있느냐/네 이름은?	12)얼마나 나이들어/있느냐/너는?
13)얼마로/있느냐/그것은?	14)어디에서/있느냐 너는/부터?
15)무엇으로 있느냐/너의 새 TV가/유사하게? *너의 새 TV는 어때?	
16)무엇으로 있느냐/그 날씨가/유사하게/요즘? *날씨는 어때 요즘?	
17)무엇으로/있느냐 그것들은/유사하게? *그것들은 어때?	
18)어느 병원에/있느냐 그는/안에?	19)누구로/있느냐 그 편지는/부터?
20)무엇으로/있느냐/너의 가장 좋아하는 색깔은?	
21)무슨 색으로/있느냐/네 차는?	22)몇 시로/있느냐/그것은?
23)무슨 날로/있느냐 그것은/오늘은?	24)무슨 사이즈로/있느냐/이 신발은?
25)어느 것이/있느냐 더 크게,/서울과 부산은?	

(1)Are/you/divorced? (2)Are/you/pregnant? (3)Are/you/tired?
(4)Are/these/your keys? (5)Is it/good weather/today?
(6)Where/is/your smart-phone? (7)How/are/your parents?
(8)Why/are you/late?(9)Why/are you/so early? (10)Who/are/you?
(11)What/is/your name? (12)How old/are/you? (13)How much/is/it?
(14)Where/are you/from? (15)What's/your new TV/like?
(16)What's/the weather like/these days? (17)What/are they/like?
(18)Which hospital/is he/in? (19)Who/is the letter/from?
(20)What/is/your favorite color? (21)What color/is/your car?
(22)What time/is/it? (23)What day/is it/today?
(24)What size/are/these shoes? (25)Which/is bigger,/Seoul or Busan?

be동사 구문(의문)

1)누가 있느냐/더 크게,/너와 네 동생은?	
2)어느 것이/있느냐/너의 것으로?	3)무엇으로/있느냐/그 수도는 일본의?
4)무슨 색으로/있느냐/그의 눈들은?	5)무엇이냐/가장 긴 다리로는/세계에서?
6)어느 것이 있느냐/더 긴 강으로,/한강과 낙동강 중에?	
7)어떻게/있었느냐 그 파티는/지난 밤에?	
8)얼마나 키가 크게/있느냐/너는?	9)얼마나 크게/있느냐/그 집은?
10)얼마나 나이 들어/있느냐/너의 어머니는?	
11)얼마나 멀리/있느냐 그것은/여기서부터 공항까지?	
12)얼마로/있었느냐/그 음식은?	
13)무엇으로/있느냐/그 남자의 이름은?	14)무슨 책으로/있느냐/너의 것은?
15)얼마나 많은 책상들이/있느냐 거기에/이 방에는?	
16)어느 것이 있느냐/더 비싼 것으로,/그 노트북 컴퓨터와 그 태블릿 컴퓨터에서?	
17)무슨 국적으로/있느냐/너는?	18)얼마나 높게/있느냐/에베레스트산은?
19)얼마나 멀리/있느냐 그것은/역까지?	
20)얼마나 나이가 들어/있느냐/너의 아버지는?	

(1)Who is/taller,/you or your brother? (2)Which/is/yours? (3)What/is/the capital of Japan? (4)What color/are/his eyes? (5)What's/the longest bridge/in the world? (6)Which is/longer river,/the Han River or the Nakdong River? (7)How/was the party/last night? (8)How tall/are/you? (9)How big/is/the house? (10)How old/is/your mother? (11)How far/is it/from here to the airport? (12)How much/was/the meal? (13)What/is/that man's name? (14)What book/is/yours?(15)How many desks/are there/in this room? (16)Which is/more expensive,/the notebook computer or the tablet computer? (17)What nationality/are/you? (18)How high/is/Mount Everest? (19)How far/is it/to the station? (20)How old/is/your father?

be동사 구문(의문)

1)얼마나 깊게/있느냐 그 물은/그 수영장에?		
2)얼마나 무겁게/있느냐/이 가방은?	3)얼마나 크게/있느냐/이 박스는?	
4)무엇으로/있었느냐 그 음식은/유사하게? *그 음식은 어땠어?		
5)무엇으로/있었느냐 그 수업은/유사하게? *그 수업은 어땠어?		
6)무엇으로/있었느냐 그 여행은/유사하게? *그 여행은 어땠어?		
7)누구의 집으로/있느냐/저것은?	8)왜/있느냐 그는/화가나서?	
9)왜/있느냐 너는/여기에?	10)왜/있느냐 그 열차는/그렇게 늦어서?	
11)어느 것이 있느냐/더 나은 운동으로/- 수영 또는 테니스(중에서)?		
12)무슨 종류의 개로/있느냐/저것은?	13)무슨 종류의 차가/있느냐/좋은(상태로)?	
14)어디에/있느냐/녀의 가족은?	15)어느 병원에/있느냐 그녀는/안에?	
16)얼마나 멀리/있느냐 그것은/서울에서 부산까지?		
17)무엇으로 있느냐/ 그 영화는/유사하게 *그 영화는 어때?		
18)무엇으로/있었느냐/네 꿈은?	19)언제 있느냐/우리 학기말시험은/이번 학기에	
20)언제/있느냐/다음 버스는?	21)어떻게/있느냐/그 사이즈는?	
22)어떻게/있느냐 그는/그 교통사고로부터?		

(1)How deep/is the water/in the pool? (2)How heavy/is/this bag? (3)How big/is this box? (4)What/was the food/like? (5)What/was the lesson/like? (6)What/was the tour/like? (7)Whose house/is/that? (8)Why/is he/angry? (9)Why/are you/here? (10)Why/is the train/so late? (11)Which is/better exercise/-swimming or tennis? (12)What kind of dog/is/that? (13)What kind of car/is/good? (14)Where/is/your family? (15)Which hospital/is he/in? (16)How far/is it /from Seoul to Busan.(17)What's/the movie/like?(18)What/was/your dream? (19)When is/our final exam/this semester? (20)When/is/the next bus? (21)How/is/the size? (22)How/is he/from the traffic accident?

be동사 구문 (진행)

1) 나는/있다/공부하면서	2) 나는 있다/시청하면서/TV를
3) 나는 있다/먹으면서/아침밥을	4) 그는 있다/ 수영하면서 / 강에서
5) 그들은 있다/경기하면서/야구를	6) 그녀는 있다/요리하면서/저녁을
7) 그 아기는 있다/자면서/방에서	8) 그들은 있다/운전하면서/직장을 향해
9) 나는 있다/시도하면서/이 새 커피를	10) 어디를/있느냐 너는/가면서?
11) 있느냐 너는/들으면서/나를 향해?	12) 있느냐/그것은/비가오면서?
13) 어디를 있느냐 너는/비행하면서/향해?	
14) 있느냐 너는/즐기면서/그 영화를?	15) 나는 있다/앉으면서/한 의자에
16) 언제/있느냐 그 버스는/오면서?	17) 있느냐 그녀는/요리하면서/저녁을?
18) 무엇을/있느냐 너는/요리하면서?	19) 왜 있느냐 너는/서두르면서/이처럼?
20) 있느냐 너는/보면서/텔레비젼을?	21) 그녀는 있다/하고있으면서/한 샤워를
22) 있습니까당신은/기다리면서/버스를?	23) 누군가 있다/노래하면서/홀에서
24) 무엇을/너는 하고 있느냐/여기서?	25) 그는 있다/닦으면서/한 유리창을
26) 왜/있느냐 너는/웃으면서?	27) 그녀는 있다/가르치면서/학생들을
28) 무엇을/그는 쓰고 있느냐/그의 머리에?	29) 그는 치고 있다/기타를/그 방에서

(1) I/am/studying. (2) I am/watching/TV. (3) I am/eating/breakfast.
(4) He is/swimming/in the river. (5) They're/playing/baseball.
(6) She is/cooking/dinner. (7) The baby is/sleeping/in the room.
(8) They are/driving/to work. (9) I'm/trying/this new coffee.
(10) Where/are you/going? (11) Are you/listening/to me?
(12) Is/it/raining? (13) Where are you/flying/to?
(14) Are you/enjoying/the movie? (15) I'm/sitting/on a chair.
(16) When/is the bus/coming? (17) Is she/cooking/dinner?
(18) What/are you/cooking? (19) Why are you/rushing/like this?
(20) Are you/watching/television? (21) She is/taking/a shower.
(22) Are you/waiting/for bus? (23) Someone/is singing/in the hall.
(24) What/are you doing/here. (25) He is/cleaning/a window.
(26) Why/are you/laughing? (27) He is/teaching/students. (28) What/is he wearing/on his head? (29) He is playing/the guitar/in the room.

be동사 구문(진행)

1)그녀는 있었다/노래부르면서/아름답게	
2)그것이 있었다/비가오면서/심하게	3)태양은 있었다/비치면서/밝게
4)그녀는 있었다/걸면서/한 목걸이를	5)나는 있었다/들으면서/그 음악을
6)그녀는 있었다/살면서/일본에	7)어디를/너는 걷고 있었느냐/어제?
8)무엇을/너는 하고 있었느냐/9시에 어젯밤?	
9)무엇을/그녀는 일하고 있었느냐/그녀의 책상에서?	
10)우리는 있다/가면서/쇼핑몰에	11)있었느냐 너는/읽으면서 책을/어젯밤에?
12)어디에 있었느냐 너는/살면서/2004년에?	
13)그녀는 있었다/들고가면서/한 가방을	14)있습니까 그들은/경기하면서/테니스를?
15)나는 있었다/시청하면 TV를/어젯밤에	
16)그 어린이는 있지 않았다/먹으면서/한 아이스크림을	
17)언제 있었느냐 너는/기다리면서/버스정류장에서?	
18)그 소년은 있지 않았다/울면서/학교에서	
19)어떻게 있느냐 그녀는/머물면서/여기서?	
20)왜 있었느냐 너는/돌아다니면서/이 근방에서?	

(1)She was/singing/beautifully. (2)It was/raining/heavily. (3)The sun was/shining/brightly. (4)She was/wearing/a necklace.
(5)I was/listening/to the music. (6)She was/living/in Japan.
(7))Where/were you walking/yesterday? (8)What/were you doing/at 9 yesterday? (9)What/was she working/at her desk?
(10)We are/going/to shopping malls. (11)Were you/reading a book/last night? (12)Where were you/living/in 2004?
(13)She was/carrying/a bag. (14)Were they/playing/tennis?
(15)I was/watching TV/last night. (16)The child was not/eating/an ice-cream. (17)When were you/waiting/at the bus stop?
(18)The boy was not/crying/at school. (19)How is she/staying/here?
(20)Why were you/wandering/around here?

ⓑ 일반동사구문(긍정)

1)나는/가르친다/영어를	2)나는/마신다/커피를
3)나는/갖고있다/한 질문을	4)그는/말한다/3개 언어를
5)그 가게는/연다/아침 9시에	6)우리는 즐겼다/우리의 시간을/뉴욕에서
7)그는/세차했다/그의 차를	8)나는 보통/시청한다 TV를/저녁에
9)나는/타고간다 버스를/직장에/매일	10)나는/좋아한다/나의 새 음악선생님을
11)너는/말한다 영어를/매우 잘	12)나는 종종/잊는다/사람들의 이름을
13)그는 항상/불평한다/모든 것에 대하여	
14)나는/들어갈거다 대학에/올해 3월에	15)그는/했다 한 연설을/사람들 앞에서
16)나는 때때로/읽는다 책을/침대에서	17)나는 항상/듣는다 라디오를/아침에
18)어제/그것은 비가 왔었다/오후 내내	19)그 콘서트는 항상/시작한다/정시에
20)존은/일한다/한 제과점에서	21)나는/합격했다/그 시험에
22)나는 이야기했다/존과/2주 전에	23)나는/필요하다/약간의 돈이
24)메리는/시청한다 TV를/약3시간동안/매일저녁	
25)나는/보았다 한 새를/지붕위에(있는)	26)무언가/일어났다/어젯밤에.
27)우리는/머물렀다/매우 멋진 호텔에	28)나는/연주했다 바이올린을/어젯밤에

(1)I/teach/English. (2)I/drink/coffee. (3)I/have/a question. (4)He/speaks/three languages. (5)The store/opens/at nine in the morning. (6)We enjoyed/our time/in New York. (7)He/washed/his car. (8)I usually/watch TV/in the evening. (9)I/take the bus/to work/everyday. (10)I/like/my new music teacher. (11)You/speak English/very well. (12)I often/forget/people's name. (13)He always/complains/about everything. (14)I will/enter university/in march this year. (15)He/made a speech/in front of people. (16)I sometimes/read a book/in bed. (17)I always/listen to the radio/in the morning. (18)Yesterday/it rained/all afternoon. (19)The concert usually/begins/on time. (20)John/works/at a bakery. (21)I/passed/the exam. (22)I talked/with John/two years ago. (23)I/need/some money. (24)Mary/watches TV/for about three hours /every evening. (25)I/looked at a bird/on the roof. (26)Something/happened/last night. (27)We/stayed/at very nice hotel. (28)I/played the violin/last night.

일반동사구문(부정)

1)나는 하지 않는다/좋아하는 것을/그것을
2)그는 하지 않는다/공부하는 것을 영어를/열심히
3)내 어머니는 하지 않는다/좋아하는 것을/공포영화들을
4)나는 절대로 않는다/마시는 것을 커피를/식사 후에
5)나는 하지 않는다/사용하는 것을 내 컴퓨터를/자주
6)그는 보통 하지 않는다/먹는 것을/점심을
7)너는 하지 않는다/씻는 것을 그 채소들을/더운 물로
8)그 정부는 하지 않았다/개선하는 것을/교육의 문제를
9)내 누이는 절대로 하지 않는다/말하는 것을/내게
10)나는 하지 않는다/좋아하는 것을/내 직업을
11)나는 하지 못했다/도착하는 것을 비행장에/정시에
12)존은 하지 않았다/잊는 것을/그 회의에 대하여
13)나는 절대로 하지않는다/결석시키는 것을 내 자신을/수업으로부터
14)그의 눈은 하지 않았다/주시하는 것을/나를
15)그것은 하지 않는다/놀라게 하는 것을/나를

(1)I don't/like/it. (2)He does't/study English/hard.
(3)My mother doesn't/like/horror movies.
(4)I never/drink/a coffee/after meals.
(5)I don't/use my computer/often.
(6)He usually doesn't/eat/lunch.
(7)You don't/wash the vegetables/in hot water.
(8)The government didn't/improve/problem of education.
(9)My sister never/speaks/to me. (10)I don't/like/my job.
(11)I didn't/arrive at the airport/on time.
(12)John didn't/forget/about the meeting.
(13)I never/absent myself/from class. (14)His eyes did not/focus/on me.
(15)It doesn't/surprise/me.

일반동사구문(의문)

1)했느냐 너는/장식하는 것을/너의 크리스마스 트리를?
2)어디서 너는 했느냐/빌리는 것을/저 아이디어를?
3)하느냐 너는/운동하는 것을/규칙적으로?
4)하느냐 존과 메리는/전화로 말하는 것을/매일 밤?
5)어떻게 했느냐 너는/좋아하는 것을/그 영화를? *그 영화 어땠어?
6)어떻게 하느냐 너는/좋아하는 것을/그 자전거를? *그 자전거 어때?
7)했습니까 당신은/경험하는 것을/어떤 새로운 것을?
8)어디를/너는 원하느냐/가기를?
9)언제/하느냐 너는 가는 것을/학교에?	10)어떻게/했느냐 그것은/일어나는 것을?
11)너는 가졌느냐/어떤 귀중품을/네 가방 안에?
12)너는 가졌느냐/재미를/뉴욕에서?
13)커피는 자라느냐/산악 지역에서,/아니면 사막에서?
14)어떻게/너는 즐겼느냐/그 파티를?
15)너는 전화했느냐/존에게/어젯밤에?
16)너는 잤느냐/잘/지난 밤에?
17)왜/너는 좋아하느냐/한국 사람들을?

(1)Did you/decorate/your Christmas tree? (2)Where did you/borrow/that idea? (3)Do you/exercise/regularly?
(4)Do John and Mary/talk on the phone/every night?
(5)How did you/like/the movie? (6)How do you/like/the bicycle?
(7)Did you/experience/something new? (8)Where/do you want/to go?
(9)When/do you go/to school? (10)How/did it/happen?
(11)Did you have/any valuables/in your bag? (12)Did you have/fun/in New York? (13)Does coffee grow/in mountainous areas,/not in deserts? (14)How/did you enjoy/the concert?
(15)Did you call/John/last night? (16)Did you sleep/well/last night?
(17)Why/do you like/Korean people?

일반동사구문(의문)

1)당신은 항상 삽니까/신선한 채소들을/주말에?	
2)언제/너는 시작했느냐/이 직업을?	
3)얼마나 많이/했느냐 그것은/비용이 드는 것을?	
4)했느냐 너는/이기는 것을/복권에?	5)너는 갖고 있느냐/한 스마트폰을?
6)태양은 집니까/서쪽으로/매일 저녁에?	
7)얼마나 오래/너는 시청했느냐/TV를?	
8)너는 전화했느냐/내게/네 자동차에서?	
9)했느냐 너는/즐기는 것을/그 영화를?	10)했느냐 너는/갖는 것을/점심식사를?
11)했느냐 당신은/섞는 것을/빨간색 페인트와 노란색 페인트를?	
12)몇시에/당신은 도착했느냐/그 공항에?	
13)얼마나 많은 돈을/그 은행은 빌려주느냐/우리에게/계약금을 위해?	
14)몇 시에/그 은행은 닫느냐/오늘?	
15)어떻게/당신은 좋아합니까/당신의 새 룸메이트를? *당신의 새 룸메이트는 어떻습니까?	
16)당신은 준비했느냐/한 시험을 위해/내일?	
17)얼마나 자주/당신은 실수를 하느냐/당신의 삶에서?	
18)언제 당신은 갖고 있었느냐/한 점심 약속을/한 친구와?	

(1)Do you always/buy fresh vegetables/on the weekend?
(2)When/did you begin/this job? (3)How much/did it/cost?
(4)Did you/win/the lottery? (5)Do you have/a smart phone?
(6)Does the sun set/in the west/every evening? (7)How long/did you watch/TV? (8)Did you call/me/from your car? (9)Did you/enjoy/the movie? (10)Did you/have/lunch? (11)Did you/mix/red paint and yellow paint? (12)What time/did you arrive/at the airport?
(13)How much money/does the bank lent/us/for a down payment?
(14)What time/does the bank close/today? (15)How/do you like/your new roommate? (16)Did you prepare/for a test/tomorrow?
(17)How often/do you make a mistake/in your life?
(18)When did you have/a lunch date/with a friend?

ⓒ불규칙동사(1)

(1)새 학년이/시작하였다/오늘	(2)겨울은/있다/가버리어
(3)나는/알고있었다 그것을/전에	(4)그는/술을마셨다/너무 많이
(5)바람이/불었다/남서쪽으로부터	(6)그는/팔았다 내게/한 고장난 라디오를
(7)그 복사기와 그 팩스는/구입되어져 있었다/같은 해에	
(8)나는/느꼈다 나의 나이를/그 힘든 일 뒤에는	
(9)나는/보지 못했다(완료) 그를/일년 동안	
(10)나는/부러뜨렸다(완료)/내 팔을	(11)그는/잘랐다 나를/농구팀에서
(12)나는 생각했다/나의 잃어버린 개에 대하여/하루종일	
(13)그녀는 있었다/물려져/집에서 기르는 개에	
(14)학생들은/가져왔다 어떤 것들을/판매를 위해/집에서부터	
(15)에스키모인들은/지었다 그들의 집을/눈으로	
(16)그는 있다/태어나져/허약한(상태로)	
(17)나는/선택했다/영화보러 가는 것을/혼자서	
(18)그의 차는 있었다/붙잡혀져/두 대의 트럭 사이에	
(19)이 소파는/비용으로치뤘다/100달러를	

(1)A new school year/began/today. (2)Winter/is/gone. (3)I/knew that/before. (4)He/drank/too much. (5)The wind/blew/ from the southwest. (6)He/sold me/a broken radio.
(7)The copier and the fax machine/were bought/the same year.
(8)I/felt my age/after the hard work. (9)I/haven't seen him/for a year.
(10)I/have broken/my arm. (11)He/cut me/from the basketball team.
(12)I/thought about my lost dog/all day. (13)She was/bitten/by the family dog. (14)Students/brought things/for sale/from home.
(15)The Eskimo people/built their homes/with ice.
(16)He is/born/weak. (17)I/chose/to go to the movie/alone.
(18)His car was/caught/between two trucks.
(19)This sofa/costs/one hundred dollars.

불규칙동사(2)

1)그는/끌어당겼다 코르크를/병으로부터			
2)나는/운전했다 내 차를/내 자신이		3)그는/쓰러뜨렸다 그의 상대방을/한방에	
4)떨어진 잎들이/바삭거린다/발 아래에서		5)나는/싸웠다/나의 제일 친한 친구와	
6)그 사자들은/먹지 않았다(완료)/사흘동안			
7)나는/발견했다 금을/그 광산 안에서		8)그 독수리는/날았다/우아하게	
9)나는/잊어버렸다/너에게 물어보는 것을			
10)그 죄인들은 있었다/주어져/한 마땅한 벌이			
11)나는 절대로 듣지 않았다 그를/불평하고 있는/무언가에 대하여			
12)그는/자라났다/뚱뚱한(상태로)		13)그 모자는 있다/매달려져/못에	
14)그녀는/숨겼다 그녀의 얼굴을/부끄러워서			
15)폭풍우가/강타했다/그 나라를		16)오늘/그의학교가/개최했다/한 알뜰시장을	
17)나는 있었다(완료)/다쳐서/심각하게			
18)그는/계속적으로했다/말하는 것을 거짓말들을			
19)그는 있다/알려져/한 선생님으로		20)그는/빌려주었다 내게/그 돈을	
21)나는 남기고 떠났다(완료)/내 가방을/버스에			

(1)He/drew the cork/out of the bottle. (2)I/drove my car/myself. (3)He/felled his opponent/with a single blow. (4)The fallen leaves/crunch/under foot. (5)I/fought/with my best friend. (6)The lions/have not eaten/for three days. (7)I/found gold/inside the mine. (8)The eagle/flew/gracefully. (9)I/forgot/to ask you. (10)The criminal was/given/a just punishment. (11)I've never heard him/complaining/about anything. (12)He/grew/fat. (13)The hat is/hung/on a peg. (14)She/hid her face/in shame. (15)A storm/hit/the country. (16)Today/his school/held/a yard sale. (17)I have been/hurt/seriously. (18)He/kept/telling/lies. (19)He is/known/as a teacher. (20)He/lent me/the money. (21)I've left/my bag/on the bus.

불규칙동사(3)

1)그 책은/놓여있었다 열린(상태로)/그의 책상 위에	
2)그녀는/켰다 그 램프를/등대에	3)내 친구는/잃어버렸다/그의 직업을
4)나는/만들었다(완료)/한 노력을	5)나는/의미했다 그것을/농담으로
6)우리는 꼭/만났다/1년 전에	7)나는/읽었다 모든 기사들을/그 신문에서
8)초창기에는,/사람들은/탔다/말을	9)태양이/떠올랐다/지평선 위로
10)그 여인은/납부했다(완료)/그녀의 세금을	
11)그 전화가/울렸다/어느 한 조용한 일요일 아침에	
12)그녀는/앉았다/내 뒤에	13)나는/가르쳤다 그에게/어떻게 읽는지를
14)음식의 가격이/올랐다(완료)	15)태양은/빛났다/그 물위에서
16)나는 잤다/두 시간을/지난밤에	17)나는/보냈다 내 휴가를/낚시하면서
18)나는/보냈다 내 아이를/유아원에	19)그녀는 보통/노래했다/샤워 중에
20)영어는 있지않다/말해지고/이 나라에서	
21)나는/훔치지 않았다(완료)/너의 케익을	
22)그녀는/서있다/그녀의 남편 옆에	23)그 강도는/훔쳤다/나의 돈을
24)나는 수영했다/수영장에서/지난 토요일에	

(1)The book/lay open/on his desk. (2)She/lit the lamp/in the light house. (3)My friend/lost/his job. (4)I/have made/an effort. (5)I/meant it/for a joke. (6)We just/met/a year ago. (7)I/read/all the articles/in the newspaper. (8)In the early days,/people/road/on horses. ((9)The sun/rose/above the horizon. 10)The woman/had paid/her taxes. (11)The phone/rang/on a quiet Sunday morning. (12)She/sat/behind me. (13)I/taught him/how to read. (14)The price of food/has risen. (15)The sun/shone/on the water. (16)I slept/for two hours/last night. (17)I/spent my vacation/for fishing. (18)I/sent my kids/to nursery school. (19)She usually/sang/in the shower. (19)English is not/spoken/in this country. (21)I/haven't stolen/your cake. (22)She/stood/beside her husband. (23)The robber/stole/my money. (24)I swam/in a poor/last Saturday.

ⓓ 완료동사(1)

1)우리는 살았다(완료)/부산에/5년 동안
2)나의 아버지는/썼다(완료)/많은 책을
3)당신은 본 적이 있느냐(완료)/존을/어제 이후로?
4)나는 본 적이 없다(완료)/존을/어제 이후로 5)그는/가버렸다(완료)/밖으로
6)나는/절대로 있은 적이 없다(완료)/일본에
7)너는 잃어버렸느냐(완료)/네 열쇠를?
8)나는 갖지않았다(완료)/휴가를/지난 2년 동안
9)너는 지금까지 만난 적이 있느냐(완료)/한 연예인을?
10)나는/방문한 적이 없다(완료)/다른 나라들을/아직
11)당신은 지금까지 가진 적이 있느냐(완료)/좋은 시간을/그녀와 함께?
12)그는 일했다(완료)/그 회사에서/3년 동안
13)나는 보았다(완료)/그녀를/방금 전에
14)나는 결정하지 않았다(완료)/무엇을 할지를/다음에
15)나는/잊어버렸다(완료)/그의 이름을
16)당신은 만났습니까(완료)/당신의 새 룸메이트를/벌써?

(1)We have lived/in Busan/for five years. (2)My father/has written/many books. (3)Have you seen/John/since yesterday?
(4)I haven't seen/John/since yesterday. (5)He/has gone/out.
(6)I/have never been/to Japan. (7)Have you lost/your key?
(8)I haven't have/a holiday/for the last two years. (9)Have you ever met/an celebrity?
(10)I have not visited/other countries/yet. (11)Have you ever had/a good time/with her? (12)He have worked/at the company/for three years. (13)I have seen/her/a minute ago. (14)I haven't decided/what to do/next. (15)I/have forgotten/his name. (16)Have you met/your new roommate/yet?

완료동사(2)

1)얼마나 오래/당신은 있었느냐(완료)/거기에?
2)얼마나 오래/당신은 살았느냐(완료)/미국에?
3)얼마나 오래/당신은 있었느냐(완료)/간호사로?
4)얼마나 오래/당신은 있었느냐(완료)/중국어를 배우면서?
5)얼마나 오래/그것은 있었느냐(완료)/비가오면서?
6)얼마나 오래/당신은 알았느냐(완료)/그녀를?
7)얼마나 오래/당신은 있었느냐(완료)/여기서 공부하면서?
8)얼마나 오래/당신은 있었느냐(완료)/이 카페에서 기다리면서?
9)나는/절대로 운전한 적이 없다(완료)/한 스포츠카를.
10)당신은 지불했느냐(완료)/당신의 전기세를/이미?
11)그는/열지 않았다(완료)/그 창문을/아직.
12)그는 늦었다(완료)/직장에/몇 번
13)나는 있었다(완료)/집에/일요일 이후로
14)존은 있었다(완료)/그 호텔에/이틀 동안
15)그것은 있었다(완료)/비가 오면서/두 시간 동안

(1)How long/have you been/there? (2)How long/have you lived/in America? (3)How long/have you been/a nurse? (4)How long/have you been/learning Chinese? (5)How long/has it been/raining? (6)How long/have you known/her? (7)How long/have you been/studying here? (8)How long/have you been/waiting in this cafe? (9)I/have never driven/a sports car. (10)Have you paid/your electric bill/yet? (11)He hasn't opened/the window/yet.
(12)She has been late/for work/few times.
(13)I have been/at home/since Sunday.
(14)John has been/at the hotel/for two days.
(15)It's been/raining/for two hours.

완료동사(3)

1)당신은 먹어본 적이 있습니까(완료)/한국 음식을?
2)아니요,/나는 결코 먹어본 적이 없습니다(완료)/한국 음식을.
3)그 영화가 시작했습니까(완료)/벌써?
4)아니요,/그 영화는 시작하지 않았습니다(완료)/아직.
5)얼마나 많은 실수를/당신은 만들었습니까(완료)/당신의 삶에서?
6)나는 만들지 않았습니다(완료)/많은 실수를/내 삶에서
7)메리는 있었습니까(완료)/한 간호사로/오랫동안?
8)그것은 있지 않았다(완료)/비가 내리면서/오늘 정오 이후로.
9)당신은 살았습니까(완료)/미국에서/5년 동안?
10)아니오,/나는 살지 않았습니다(완료)/미국에서/5년 동안
11)얼마나 오랫동안/존과 짐은 일했습니까(완료)/함께?
12)존과 짐은/일하지 않았습니다(완료) 함께/지난 2년 동안
13)얼마나 오랫동안/당신은 있었느냐(완료) 앉아서/여기 태양 안에서?
14)나는 앉아있었다/여기 태양 안에서/3시간 동안
15)얼마나 많은 시간을/존은 잤느냐(완료)/아래층 침대에서?

(1)Have you eaten/Korean food? (2)No,/I've never eaten/Korean food?
(3)Has the movie started/already? (4)No,/the movie has not started/yet.
(5)How many mistakes/have you made/in your life.
(6)I have not made/lots of mistakes/in my life.
(7)Has Mary been/a nurse/for a long time?
(8)It has not been/raining/since noon today.
(9)Have you lived/in America/for 5 years?
(10)No,/I haven't lived/in America/for 5 years.
(11)How long/have John and Jim worked/together?
(12)John and Jim/haven't worked together/for the last two years.
(13)How long/have you been sitting/here in the sun?
(14)I've been/sitting/here in the sun/for three hours.
(15)How many hours/has John slept/in the downstairs bedroom?

Ⓔ 조동사(할거다)

1) 나는 할거다(예정)/쇼핑 가는 것을
2) 나는 안 할거다(예정)/저녁식사를 하는 것을/오늘 저녁에
3) 당신은 할건가(예정)/존을 초대하는 것을/당신의 파티에?
4) 그것은 할거다(예정)/비오는 것을
5) 나는 할거다(예정)/샤워를 하는 것을
6) 나는 생각한다/존이 할거라고(예측)/그 시험에 합격하는 것을
7) 나는 할거다(의지)/너에게 빌려주는 것을/내 것 중의 하나를
8) 나는 할거다(예정)/컴퓨터를 사는 것을
9) 우리는 할거다(의지) 아마도/외출하는 것을/오늘 저녁에
10) 나는 가질거다(계획)/저녁식사를/내 부모님과 함께
11) 언제/너는 방문할거냐(계획)/나를?
12) 우리는 할거다(예정)/산책을 가는 것을
13) 너는 먹을거냐(계획)/이 햄버거를?
14) 나는 할거다(예정)/그녀에게 한 선물을 주는 것을/그녀의 생일을 위해
15) 나는 말했다 그에게/그가 할거라고(가정)/주장이 되는 것을

(1) I am going to/go shopping. (2) I am not going to/have a dinner/this evening. (3) Are you going to/invite John/to your party? (4) It's going to/rain. (5) I am going to/take/a shower. (6) I think/John will/pass the exam. (7) I will/lend you/one of mine. (8) I am going to/buy a computer. (9) We will probably/go out/this evening. (10) I'm having/a dinner/with my parents. (11) When/are you visiting/me? (12) We are going to/go for a walk. (13) Are you eating/this hamburger?
(14) I am going to/give her a present/for her birthday.
(15) I told him/he would/be captain.

조동사(할거다)

1)무엇을 너는 할거냐(예정)/그 파티에서 입는 것을/오늘 밤?
2)나는 할거다(예측)/집에 있는 것을
3)나는 할거다(의지)/그녀에게 물어보는 것을/날씨에 대하여
4)나는 할거다(예측)/늦는 것을/내일
5)나는 할거다(예측)/직장에 있는 것 6)언제/너는 갈거냐(계획)/한 콘서트에?
7)존은 할거다(예정)/방문하는 것을/그의 룸메이트의 집을/그 휴일 동안에
8)너는 갈거냐(계획)/밖에/오늘 밤에?
9)나는 할거다(예측) 아마도/잠자리에 있는 것을/그 시간에
10)나는 할거다(예정)/내 손을 씻는 것을
11)너는 생각하느냐/그 시험이 있을거라고(예측)/어려운(상태로)?
12)우리는 이사할거다(계획)/부산으로/다음 달에.
13)그녀는 할거다(가정)/더 좋게 보이는 것을/짧은 머리를 가지고
14)어느 과목을/너는 할거냐(예정)/다음 학기에 택하는 것을?
15)만일 내가 보았었더라면(완료)/그 광고를/제때에,/나는 했을거다(가정)/그 직업에 지원하는 것을

(1)What are you going to/wear at the party/tonight?
(2)I will/be at home. (3)I will/ask her/about the weather.
(4)I will/be late/tomorrow. (5)I'll/be at work.
(6)When/are you going/to a concert?
(7)John is going to/visit/his roommate's home/for the holidays.
(8)Are you going/out/tonight? (9)I'll probably/be in bed/at that time.
(10)I am going to/wash my hands. (11)Do you think/the exam will be/difficult? (12)We are moving/to Busan/next month.
(13)She would/look better/with short hair.
(14)Which course/are you going to/take next semester?
(15)If I had seen/the advertisement/in time,/I would have/applied for the job.

조동사(할거다)

1)나는 보낼거다(계획)/그것을/빠른 메일로
2)나는 할거다(예정)/대형 샐러드를 만드는 것을/오늘밤 저녁을 위해.
3)너는 할거냐(예측)/집에 있는 것을/오늘 저녁에?
4)너는 공부할거냐(계획)/도서관에서?
5)그녀의 여행의 마지막에/그녀는 있을거다(예측)/매우 피곤한(상태로)
6)내일,/그녀는 있을거다(예측)/런던에
7)나는 할거다(의지)/약간의 밥을 만드는 것을
8)나는 할거다(예정)/기타를 치는 것을
9)존은 오지 않을거다(계획)/그 파티에/내일 밤.
10)나는 있지 않을거다(예측)/여기에/내일
11)나는 할거다(의지)/그것을 하는 것을
12)무엇을/너는 할거냐(계획)/오늘 저녁에?
13)나는 생각하지 않는다/그것이 할거라고(예측)/비가 오는 것을/오늘 오후에
14)나는 할거다(의지)/그것을 찾는 것을/너를 위해
15)그들은 결코 하지 못했을거다(가정)/만나는 것을/만일 그녀가 가지 않았었다면(과거완료)/메리의 파티에.

(1)I'm sending/it/by express mail. (2)I am going to/make a large salad/for dinner tonight. (3)Will you/be at home/this evening? (4)Are you studying/at the library? (5)At the end of her trip,/she will be/very tired. (6)Tomorrow,/she will be/in London. (7)I will/make some rice. (8)I am going to/play the guitar. (9)John isn't coming/to the party/tomorrow night. (10)I won't be/here/tomorrow. (11)I will/do it.
(12)What/are you doing/this evening?
(13)I don't think/it will/rain/this afternoon.
(14)I will/find it/for you.
(15)They would never have/met/if she hadn't gone/to Mary's party.

조동사(해야한다)

1)군인들은 (반드시)해야한다/복종하는 것을/상급장교들에게
2)나는 해야한다/이 약을 먹는 것을/하루에 두 번
3)당신은 생각하느냐/내가 (당연히)해야한다고/이 선글래스를 사는 것을?
4)사람들은 (반드시)해야한다/산소를 호흡하는 것을/살기위해
5)너는 (당연히)해서는 안된다/TV를 보는 것을/그렇게 많이
6)나는 해야한다/치과에 가는 것을/오늘
7)우리는 하지않아도 된다/마켓에 가는 것을/어째든
8)너는 (당연히)하지 말아야 한다/잠자러 가는 것을/그렇게 늦게.
9)너는 (절대로)하지 말아야 한다/그 그림들을 만지는 것을
10)나는 하지 않아도 된다/일찍 일어나는 것을
11)왜/존은 해야만 했느냐/일터를 떠나는 것을/어제 일찍?
12)나는 생각하지 않는다/우리가 (당연히)해야한다고/이 호텔에 머무는 것을
13)너는 (절대로)하지 말아야 한다/늦는 것을
14)너는 (반드시)해야한다/너의 일을 끝내는 것을/이 프로젝트에 관한
15)나는 생각한다/내가 (당연히)해야한다고/지금 집에 가는 것을

(1)Soldiers must/obey/superior officers. (2)I have to/take this medicine/two times a day. (3)Do you think/I should/buy these sunglasses? (4)People have to/breathe oxygen/to live. (5)You should not/watch TV/so much. (6)I have to/go to the dentist/today. (7)We don't have to/go to the market/after all. (8)You should not/go to bed/so late. (9)You must not/touch the pictures. (10)I don't have to/get up early. (11)Why/did John have to/leave work/early yesterday? (12)I don't think/we should/stay this hotel. (13)You must not/be late. (14)You must/finish/your work/on this project. (15)I think/I should/go home now.

조동사(해야한다)

1)나는 (반드시)해야한다/내 손을 씻는 것을
2)너는 하지 않아도 된다/나를 기다리는 것을
3)나는 해야 했다/한 시간 반을 기다리는 것을/그 버스를 위해
4)너는 (당연히)해야 한다/안전벨트를 착용하는 것을
5)나는 해야 했었다/3개의 학기말 보고서를 쓰는 것을/그 학기의 시작 이후로
6)당신은 하지 않아도 됩니까/이 책들을 돌려주는 것을/도서관에?
7)몇 시에/당신은 해야 합니까/치과에 가는 것을/내일?
8)나는 생각한다/너는 (당연히)해야 한다고/약간의 새 옷들을 사는 것을
9)왜/(당연히)해야 하지요 내가/사과하는 것을?
10)누구에게/(당연히)내가 해야 합니까/편지 쓰는 것을?
11)(당연히)내가 해야 합니까/사인하는 것을/여기에?
12)내가 해도 됩니까/갈아타는 것을?
13)내가 해도 됩니까/비행기를 갈아타는 것을?
14)얼마나 여러 번/(반드시)내가 해야 하느냐 /너에게 말하는 것을?
15)(반드시)해야만 합니까 내가/파자마를 입는 것을/그리고 잠자러 가는 것을/?

(1)I must/wash my hands. (2)You don't have to/wait for me.
(3)I had to/wait half an hour/for the bus.
(4)You should/wear a seat belt. (5)I had to/write three term papers/since the beginning of the semester.
(6)Don't you have to/return these books/to the library?
(7)What time/do you have to/go to the dentist/tomorrow?
(8)I think/you should/buy some new clothes.
(9)Why/should I/apologize? (10)To whom/should I/write?
(11)Should I/sign/here? (12)Do I have to/transfer?
(13)Do I have to/change planes? (14)How many times/must I/tell you? (15)Must I/wear pajamas/and go to bed?

조동사(할 수 있다:가능성/할 수도 있다:추측)

1)나는 할 수도 있다(추측)/일본에 가는 것을
2)그녀는 있을 수도 있다(추측)/집에/오늘 저녁에
3)나는 할 수 있다(가능성)/사인하는 것을/당신을 위해
4)나는 할 수 있다(능력)/자동차를 운전하는 것을?
5)할 수 있나요(능력) 당신은/테니스를 치는 것을?
6)나는 할 수 없다(능력)/수영하는 것을/먼 거리를
7)미안하다, /나는 할 수 없다(가능성)/점심을 먹는 것을/당신과 함께
8)나는 못 할 수 있다(가능성)/영화보러 가는 것을/당신과 함께
9)나는 있을 수도 있다(추측)/틀린(상태로)
10)그것은 할 수도 있다(추측)/비가 오는 것을
11)그것은 있지 않을 수도 있다(추측)/안전한(상태로)
12)그는 했을 수도 있다(추측)/완전히 잊는 것을/그 약속을
13)내 자녀들은 못했을 수도 있다(추측)/이해하는 것을/그 경고를
14)나는 할 수 있었다(가능성)/행복하게 보내는 것을/더 많은 시간을/거기서
15)너는 할 수 있었다(가능성)/수화를 사용하는 것을

(1)I might/go to Japan. (2)She might be/at home/this evening.
(3)I can/sign/for you. (4)I can/drive/a car.
(5)Can you/play tennis? (6)I can't/swim/long distances.
(7)Sorry,/I can't/eat lunch/with you.
(8)I can't/go to a movie/with you. (9)I might be/wrong.
(10)It might/rain. (11)It might not be/safe.
(12)He might have/totally forgotten/the appointment.
(13)My children might not have/understood/the warning.
(14)I could have/happily spent/more time/there.
(15)You could have/used sign language.

조동사(요청/공손한 요청)

1)해도 좋을까요 내가/질문 하나 하는 것을?
2)해도 좋을까요 내가/들어가는 것을?
3)할 수 있을까 내가/지금 가는 것을?
4)무엇을 할 수 있을까 내가/당신을 위해 하는 것을?
5)할 수 있느냐 너는/내게 소금을 건네주는 것을/제발?
6)할 수 있느냐 너는/내게 말해주는 것을/그 차이가 무엇인지?
7)할 수 있나요 당신은/나를 태워다주는 것을/집에?
8)할 수 있나요 당신은/내 파티에 오는 것을/오늘밤에?
9)당신은 하고 싶습니까/약간의 디저트를?
10)당신은 하고 싶습니까/일등석으로 또는 경제석으로?
11)당신은 하고 싶습니까/무언가를 하는 것을/오늘밤에?
12)당신은 신경이 쓰입니까/기다리는 것이/조금?
13)당신은 신경이 쓰입니까/여는 것이/당신의 가방을?
14)당신은 신경이 쓰입니까/만일 내가 담배를 피운다면?
15)당신은 신경이 쓰입니까/만일 내가 그것을 빌린다면/이틀 동안?

(1)May I/ask/a question? (2)May I/come in? (3)Can I/go now?
(4)What can I/do for you? (5)Can you/pass me the salt/please?
(6)Can you/tell me/what the difference is?
(7)Could you/drive me/home? (8)Could you/come to my party/tonight? (9)Would you like/some dessert?
(10)Would you like/first class or economic class?
(11)Would you like/to do something/tonight?
(12)Would you mind/waiting/a little?
(13)Would you mind/opening/your bag?
(14)Would you mind/if I smoke?
(15)Would you mind/if I borrow it/for a couple of days?

조동사(유감/회상)

1)우리는 차라리 낫겠다/경찰을 부르는 것이
2)너는 차라리 낫겠다/여기에 남아있지 않는 것이/더 이상
3)너는 차라리 낫겠다/빨리 결혼하는 것이
4)나는 차라리 낫겠어요/가는게/지금
5)나는 차라리 하고싶다/자는 것을/노는 것보다
6)나는 차라리 하고싶다/영화보러 가는 것을/술을 마시는 것보다
7)나는 차리리 하고 싶다/말하지 않는 것을
8)나는 차라리 하고 싶었다/집에 머무는 것을
9)나는 했었다/높은 산들을 올라가는 것을
10)거기에 있었었다/한 동상이/여기에
11)나는 했었다/사는 것을/서울에.
12)그들은 했었었다/여행하는 것을/개 썰매로
13)나의 아버지는 있었었다/영어 선생님으로/내가 어린아이였을 때
14)나는 하지 않았었다/바나나를 좋아하는 것을
15)어디에서 당신은 했었습니까/사는 것을/당신이 여기에 오기 전에?

(1)We had better/call the cops. (2)You had better/not remain here/any longer. (3)You had better/get married/soon. (4)I had better/go/now. (5)I would rather/sleep/than play. (6)I would rather/go to a movie/than drink alcohol. (7)I would rather/not say. (8)I would rather have/stayed at home. (9)I used to/climb high mountains. (10)There used to be/a statue /here. (11)I used to/live/in Seoul. (12)They used to/travel/by dog sled. (13)My father use to be/an English teacher/when I was a child. (14)I didn't use to/like bananas. (15)Where did you use to / live/before you came here?

복합조동사

1)너는 할 수 있을 거다/무언가를 하는 것을/네가 원하는
2)너는 할 수 있어야 한다/더 많이 하는 것을
3)너는 할 수 없을지 모른다/그것을 지금 하는 것을
4)나는 기쁘다/할 수 있어서/그것을 하는 것
5)너는 하기로 되어있다/티켓 하나를 사는 것을
6)우리는 하기로 되어있었다/7시에 만나는 것을
7)너는 하기로 되어있지 않다/그 잔디 위로 걷는 것이
8)당신은 있기로 되어있지 않나요/직장에/지금?
9)나는 하고싶다/당신에게 감사하는 것을
10)나는 하고싶다/진료 받는 것을 의사에게
11)어떻게 너는 하고싶으냐/너의 머리를/되어지게?
12)나는 하고싶다/일원이 되는 것을/당신의 프로젝트의
13)나는 막 하려던 참이었다/너에게 물어보는 것을/똑같은 것을
14)나는 막 하려던 참이 아니다/지금 출발하는 것을
15)그 규칙들은/막 하려던 참일지 모른다/바꾸는 것을

(1)You will be able to/do anything/you want. (2)You have to be able to/do more. (3)You may not be able to/do it/now.
(4)I'm pleased/to be able to/do it. (5)You're supposed to/buy a ticket. (6)We were supposed to/meet at seven.
(7)You are not supposed to/walk on the grass.
(8)Aren't you supposed to be/at work/now?
(9)I would like/to thank you. (10)I would like/to see a doctor.
(11)How would you like/your hair/done? (12)I would like/to be a part/of your project. (13)I was just about/to ask you/the same thing.
(14)I'm not about/to start now.
(15)The rules/may be about/to change.

ⓕ 목적어가 2개인 문장(수여동사)

1)드려라/너의 어머니에게/그 편지를
2)했느냐 너는/주는 것을 그 웨이터에게/한 팁을?
3)말해주어라 내게/어디에 네가 사는지를
4)했느냐 그녀는/말해주는 것을 너에게/그녀의 이름을?
5)그는/가르친다 그들에게/영어를
6)할 수 있습니까 당신은/가르쳐주는 것을 내게/어떻게 그것을 만드는지를?
7)그는/사주었다 내게/새 코트를
8)누가/사주었냐 네게/그 컴퓨터를?
9)할 수 있느냐 너는/빌려주는 것을 내게/너의 자동차를?
10)나는/빌려주었다(완료) 그 차를/한 친구에게
11)보여주어라/내게/너의 신분증을
12)할 수 있습니까 당신은/보여주는 것을 내게/그 길을/동대문까지 여기서부터?
13)할 수 있느냐 당신은/던져주는 것을 내게/수건을?
14)그는/던져주었다 뼈다귀 하나를/개에게
15)제발,/가져다주세요 내게/약간의 수프를
16)그 책은/가져다주었다 그에게/명성을

(1)Give/your mother/the letter. (2)Did you/give the waiter/a tip?
(3)Tell me/where you live. (4)Did she/tell you/her name?
(5)He/teaches them/English. (6)Could you/teach me/how to make those? (7)He/bought me/a new coat.
(8)Who/bought you/the computer? (9)Can you/lend me/your car?
(10)I've lent the car/to a friend. (11)Show/me/your I.D.
(12)Could you/show me/the way/to Dongdamun from here?
(13)Can you/throw me/that towel? (14)He/threw a bone/to a dog.
(15)Please/bring me/some soup. (16)The book/brought him/fame.

목적어가 2개인 문장(수여동사)

1)그들은 보낼것이다 내게/그 정보를/예정된 시간 안에
2)너는 보냈느냐(완료) 너의 어머니에게/한 우편엽서를/이미?
3)당신은 할 능력이 있습니까/제공하는 것을 내게/방 하나를/오늘 밤에?
4)그들이/제공했다 내게/그 직업을.
5)만들어주라 내게/커피 한 잔을
6)물어보아라 내게/무엇이든지
7)사람들은/물었다 내게/누가 사장인지를?
8)그녀는/물었다 내게/그 그림에 대하여
9)건네주세요 내게/그 행주를
10)할겁니까(가정) 당신은/전해주는 것을 내게/그 소금을,/제발?
11)할 수 있습니까 당신은/건네주는 것을 내게/케찹 좀?
12)제발/찾아주세요 내게/나의 책을.
13)할 수 있습니까 당신은/찾아주는 것을 내게/호텔을?
14)읽어주세요 내게/그 편지를
15)할 수 있느냐 너는/전해주는 것을 내게/그 소금을?
16)할 겁니까 당신은/노래 한 곡을 불러주는 것을/내게?

(1) They will send me/the information/in due time.
(2) Have you sent your mother/a post card/yet? (3) Are you able to/offer me/a room/tonight? (4) They/offered me/the job.
(5) Make me/a cup of coffee. (6) Ask me/anything.
(7) People/asked me/who is boss? (8) She/asked/me/about the picture. (9) Pass me/the dishtowel. (10) Would you/pass me/the salt,/please? (11) Could you/pass me/some ketchup?
(12) Please/find me/my book. (13) Can you/find me/a hotel?
(14) Read me/the letter. (15) Can you/hand me/the salt?
(16) Will you/sing a song/for me?

ⓒ **명사절이 목적어인 문장**(that명사절)

1)나는 안다 (그것을)/내가 혼자가 아니라는 것을
2)나는 말했다 (그것을)/그것은 할 수도 있다고(추측)/비가오는 것은
3)나는 생각한다 (그것을)/네가 (당연히)장을보아야 한다고/이 마켓에서
4)사람들은 믿는다 (그것을)/그가 한 천재였다는 것을
5)나는 소망한다 (그것을)/그녀가 떨어지지 않기를(예측)/그녀의 운전시험에서.
6)나는 동의한다 (그것을)/저것이 극도로 중요하다는 것을
7)서론에서/나는 언급했다 (그것을)/헤밍웨이가 부상을 당했다고/그 전투에서.
8)그는 약속했다 (그것을)/그가 절대로 거짓말하지 않을 거라는 것을(가정)/다시는
9)나는 알아챘다 (그것을)/그녀가 입고 있었다는 것을/한 새 드레스를.
10)그 상원의원은 응답했다 (그것을)/그는 신분에 있지 않았다고/논평할
11)나는 따졌다 (그것을)/그것이 아니라고
12)너는 항상 불평한다 (그것을)/네가 나이든 사람처럼 보인다고
13)그는 털어놓았다 (그것을)/그것이 그의 실수였다고
14)나는 부인하지 않는다 (그것을)/그 규칙들이 복잡하다는 것을

(1)I know that/I am not alone. (2)I said that/it might/rain.
(3)I think that/you should shop/at this market.
(4)People believe that/he was/a genius.
(5)I hope that/she won't fail/her driving test.
(6)I agree that/that is extremely important.
(7)In the introduction,/I mentioned that/Hemingway was wounded/in the battle. (8)He promised that/he would never lie/again.
(9)I noticed that/she was wearing/a new dress.
(10)The senator replied that/he was not in a position/to comment.
(11)I argued that/it is not. (12)You always complain that/you look like an old man. (13)He confided that/it was his mistake.
(14)I do not/deny that/the regulations are complex.

명사절이 목적어인 문장(if, whether명사절)

1)나는 추측한다 (그것을)/이것은 고의성이 있다는 것을
2)나는 경고한다(그것을)/그것이 위험성이 있다는 것을
3)나는 궁금하다/그것이 사실인지(if)
4)나는 궁금하다/내 아이가 표현하는지(if)/자기 자신을 잘/영어 안에서
5)나는 궁금하다/저것이 지혜로운지(whether)/또는 아닌지
6)나는 궁금하다/저것이 센스가 있는 것인지(whether)
7)나는 궁금하다/우리 비행기가 오늘 떠날지(whether)/또는 아닐지
8)나는 궁금하다/그가 집에 있는지(if)/또는 아닌지
9)나는 모르겠다/내가 그에게 이야기를 할 수 있을지(if)/바로 지금
10)나는 모르겠다/당신이 나를 도울 수 있을지(if)
11)나는 모르겠다/그가 여기에 있을지(whether)
12)나는 몰랐었다/왜 내가 사랑했는지 저 남자를
13)나는 모르겠다/어떻게 매는지 안전벨트를
14)나는 모르겠다/어떻게 그녀가 생존하는지/저런 집에서
15)나는 모르겠다/어떻게 사과해야 할지/너에게

(1)I speculate (that)/this is deliberate. (2)I warn (that)/it is dangerous. (3)I wonder/if it is true. (4)I wonder/if my child expresses/himself well/in English. (5)I wonder/whether that is wise/or not. (6)I wonder/whether that is sensible. (7)I wonder/whether our flight will leave today/or not. (8)I wonder/if he is at home/or not. (9)I don't know/if I can talk to him/right now.
(10)I don't know/if you can help me.
(11)I don't know/whether he will be here.
(12)I didn't know/why I loved that man. (13)I don't know/how to fasten the seatbelt. (14)I don't know/how she survives/in that house. (15)I don't know/how to apologize/to you.

명사절이 목적어인 문장(의문사로 된 명사절)

1)나는 안다/어디에/그가 머물고 있는지
2)지금/나는 안다/왜 네게 우는지
3)나는 모르겠다/왜 그가 좋아하는지/저런 가게를.
4)나는 알겠다/무엇으로 네 차가 보이는지/비슷하게(네 차가 어떤지)
5)나는 알겠다/무엇을 네가 의미하는지
6)나는 모르겠다/무엇을 네가 말하고 있는지를/대하여
7)나는 알겠다/어느 것을/내가 선택해야 하는지
8)나는 모르겠다/어느 이야기를/내가 믿어야 할지를
9)나는 모르겠다/얼마나 많이/올지를(계획)
10)나는 모르겠다/얼마나 많은 날들을/내가 있었는지/그 병원에서
11)나는 안다/얼마나 많이/네가 사랑했는지/저 집을
12)나는 모르겠다/얼마나 더 오래/우리가 살 수 있을지/이와 같이
13)나는 안다/얼마나 오래/그것이 걸리는지/집을 짓는데
14)나는 모르겠다/얼마나 오래/우리가 여기에 있어야 할지(추측)
15)나는 모르겠다/언제 그가 올지(추측)

(1)I know/where/he is staying. (2)Now/I know/why you cry. (3)I/don't know/why he likes/that store. (4)I know/what your car looks/like. (5)I know/what you mean. (6)I/don't know/what you are talking/about. (7)I know/which one/I choose.
(8)I don't know/which story/I believe.
(9)I don't know/how many/are coming.
(10)I don't know/how many days/I was/in the hospital.
(11)I know/how much/you love/that house.
(12)I don't know/how much longer/we can live/like this.
(13)I know/how long/it takes/to build a house.
(14)I don't know/how long/we will be here.
(15)I don't know/when he will come.

㊗ 목적보어가 있는 문장(작위동사/사역동사)

1) 나는/밀었다 그 창문을/열리도록
2) 나는 칠 수 있다/그 볼을/똑바로(가도록)
3) 그녀는/계속있게했다 그 어린이들을/재미있는(상태로)/몇 시간 동안
4) 나는/계속있게했다 그 등불을/타고있는(상태로)
5) 붙들어라 카메라를/단단한(상태로)/그리고 계속있게하라 그것을/초점이 맞춰진(상태로)
6) 그 지진은 남겨두고 떠났다/수백명의 사람들을/집이 없는(상태로)
7) 우리는/이름지었다 그녀를/진숙이라고/그녀의 이모를 따라서
8) 그들은/불렀다 나를/겁장이라고 /왜냐하면 나는 싸우려 하지 않았기 때문이다(가정)
9) 그는/임명했다 나를/그 의무를 하라고
10) 그는/임명했다 나를/그 아기 돌보미로
11) 당신은/말했다 내게/그것을 맛보라고
12) 나의 아버지는/가르쳤다 내게/한 자전거를 타도록
13) 그 의사는/교훈해주었다 내게/휴식하라고
14) 그 장교는/지시했다 그들에게/발포하라고
15) 허락해주십시오 나에게/내 친구 미스타 킴을 소개하도록/당신에게

(1) I/pushed the window/open. (2) I can hit/the ball/straight.
(3) She/kept the children/amused/for hours.
(4) I/kept the light/burning. (5) Hold the camera/steady/and keep it/focused. (6) The earthquake left/hundreds of people/homeless.
(7) We/named her/Jinsuk/after her aunt. (8) They/called me/a coward/because I would not fight. (9) He/appointed me/to do the duty. (10) He/appointed me/the baby sitter.
(11) You/told me/to taste it. (12) My father/taught me/to ride a bike. (13) The doctor/instructed me/to rest.
(14) The officer/ordered them/ to fire.
(15) Allow me/to introduce my friend Mr. Kim/to you.

목적보어가 있는 문장(작위동사/사역동사)

1)그의 직업의 윤리가/허락하지 않는다 그에게/그것을 하라고
2)이 소프트웨어는/할 수 있게 한다 너에게/인터넷에 접속하도록/몇 초 내에
3)그들은/선출했다(완료) 그를/그들을 위해 말하도록
4)인간은/선택했다 다른 동물들을/그들과 함께 살기위해
5)나는/원한다 너에게/행복해지기를
6)그들은/원하지 않는다 그에게/그것을 반복하기를
7)나는/하고싶다 네게/거기에 가도록
8)나는/기대한다 네게/너의 최선을 하도록
9)그는/물었다(부탁했다) 내게/그와 결혼할 것을
10)나는/발견했다 그것이/어렵다는 것을
11)강요하지 말아라 그에게/그 자신을 희생하라고
12)너는 언제나/밀어붙인다 나를/술을마시라고
13)그는/설득했다 나를/그와 함께 가도록
14)내 어머니는/격려했다 나를/열심히 공부하도록
15)그것은/만들지 못한다 나를/행복하게

(1)The ethics of his profession/do not permit him/to do that.
(2)The software/enables you/to access the internet/in seconds.
(3)They/have elected him/to speak/for them.
(4)The man/chose other animals/to live with him.
(5)I/want you/to be happy. (6)They/don't want him/to repeat it.
(7)I/would like you/to go there. (8)I/expect you/to do your best. (9)He/asked me/to marry him. (10)I/found it/difficult.
(11)Don't force him/to sacrifice himself.
(12)You always/push me/to drink. (13)He/persuaded me/to go with him. (14)My mother/encouraged me/to study hard.
(15)It/does not make me/happy.

목적보어가 있는 문장(작위동사/사역동사)

1) 그는/만들었다 나를/바보로
2) 아름다운 경치가/만든다 나를/좋게 느껴지도록
3) 만들지 말아라/나를/그것을 다시 말하도록
4) 운동은/만든다 너의 심장을/더 빨리 뛰도록
5) 그녀는/만들었다 그녀의 아들을/그 창문을 닦도록
6) 그는/하게했다 나에게/그의 차를 빌리도록/주저함이 없이
7) 그 비서는/하게했다 나에게/그녀의 전화를 사용하도록
8) 그는 절대로 하게하지 않는다/어느것에게도/그를 방해하도록
9) 나는 갖게 할거다 택시운전사에게/나를 태워주는 것을/공항에.
10) 나는 갖게할 예정이다 나의 차에게/세차되어지는 것을/금요일에
11) 나는 얻게할 예정이다 나의 차에게/세차되어지는 것을/금요일에
12) 우리는 마침내 얻게했다 그에게/그의 기타를 연주하는 것을/우리를 위해
13) 나는 도왔다/나의 딸을/그녀의 숙제를 끝내도록
14) 그 컴퓨터가 할거다/너를 돕는 것을/더 똑똑하게 되도록
15) 했느냐 누군가가/너를 돕는 것을/이 연구보고서를 쓰도록?

(1) He/made me/fool. (2) Beautiful scenery/make me/feel good. (3) Don't make/me/say it again. (4) Exercise/makes your heart/beat faster. (5) She/made her son/wash the window.
(6) He/let me/borrow his car/without hesitation.
(7) The secretary/let me/use her phone.
(8) He never lets/anything/bother him. (9) I'll have the taxi driver/take me/to the airport. (10) I'm going to have my car/washed/on Friday. (11) I'm going to get my car/washed/on Friday. (12) We finally got him/to play his guitar/for us.
(13) I helped/my daughter/(to) finish her homework.
(14) The computer will/help you/(to) become smarter.
(15) Did someone/help you/(to) write this research paper?

① 명사를 수식하는 말(관계대명사)

1)나는/만났다/한 사람을[(그는)영어를 말하는]
2)나는/안다/그 부인을[(그녀를)우리가 공항에서 만났던]
3)천재는/있다/한 사람으로[(그는) 매우 총명한]
4)그 부인은[(그녀는)그 집에 들어갔던]/입고 있었다/한 하얀색 드레스를
5)대부분의 학생들은[(그들은)그 시험을 치루었던]/합격했다/그것을
6)그 피아니스트는[(그는)그 콘서트에서 연주했던]/유명하다.
7)존은/있다/그 사람으로[(그에 대하여) 내가 이야기하고 있었던]
8)그 부인은[(그를)내가 어제 만났던]/매우 친절했다.
9)그 선생님은[(그를)내가 가장 좋아하는]/그린 씨이다.
10)그 가방은[(그것은)내가 들고 있던]/매우 무겁다.
11)그는/있다/사람으로[(그의) 친구들이 그를 신뢰하는]
12)그는/있다/내 친구로[(그의) 이름은 존인]
13)너는 아느냐/그 사람을[(그의) 차가 주차되어있는 저쪽에]?
14)그 사람은[그에게 내가 말했던]/존이었다.
15)그 남자는[(그와 함께) 내가 공부했던]/나의 선생님이었다.

(1)I/met/a man[who spoke English]. (2)I/know/the woman[who we met at the airport]. (3)A genius/is/a person[who is very intelligent.] (4)The woman[who entered the house]/was wearing/a white dress. (5)Most of students[who took the exam]/passed/it.
(6)The pianist[who played at the concert]/is famous.
(7)John/is/the man[who(m) I was talking about].
(8)The woman[I met yesterday]/was very kind. (9)The teacher[who(m) I like the most]/is Mr. Green. (10)The bag[I was carrying]/was very heavy. (11)He/is/a person[whose friends trust him].
(12)He/is/my friend[whose name is John]. (13)Do you/know/the man[whose car is parked over there]? (14)The person[to whom I spoke]was John. (15)The man[I studied with]/was my teacher.

명사를 수식하는 말(관계대명사)

1)너는 항상/묻는다/질문들을[(그것들은)어려운/대답하기가]
2)존은 쓰고 있었다/한 모자를[(그것은)너무 큰/그를 위해]
3)그 TV채널은/가지고 있다/이야기들을[(그것들은)있는/동물에 대한 것이].
4)톰은/샀다/한 자전거를[(그것은)특별히 디자인되어있는]
5)우리는/사용했다/그 지도를[(그것들은)내 선생님이 그렸던/우리를 위해]
6)그 빌딩은[(그것은)우리가 안에서 일했던]/지어져 있었다/1930년에
7)말해라/내게/그 영화에 대해[(그것은)네가 보았던/어젯밤에]
8)그 호텔은[(그것은)우리가 거기에 머물렀던]/있었다/기차역 가까이에
9)저것은/있다/그 영화로[(그것에)대해 내가 너에게 말했던/어제]
10)저것은/있다/그 도시로[거기서 내가 태어났던]
11)이것은/있다/그 섬으로[거기서 너는 너의 휴가를 보냈던]
12)이것은/있다/그 섬으로[(그곳 안에서)너는 너의 휴가를 보냈던]
13)저것은/있다/그 시간으로[그 때에 너는 가장 행복한(상태를) 느꼈던]
14)저것은/있다/그 해로[그 때에 내가 태어났었던]

(1)You always/ask/questions[which(that) are difficult to answer].
(2)John was wearing/a hat[which(that) was too big/for him].
(3)The TV channel/has/stories[which(that) are/about animal].
(4)Tom/bought/a bicycle[which(that) is specially designed].
(5)We/used/the map[which(that) my teacher drew/for us].
(6)The building[we worked in]/was built/in 1930. (7)Tell/me/about the movie[you saw/last night]. (8)The hotel[we stayed at]/was/near the station. (9)That/is/the movie[I told you about/yesterday]. (10)That/is/the city[where I was born]. (11)This/is/the island[where you spent your vacation]. (12)This/is/the island[you spent your vacation in]. (13)That is the time[when you felt the happiest]. (14)That/is/the year[when I was born].

① 명사를 수식하는 말(현재분사,과거분사)

1)학생들은[캠퍼스에 살고있는]/가깝다/서로에게
2)그 사람은[내 옆에 앉아있는]/나의 가장 친한 친구이다.
3)지난 토요일에/나는 참석했다 한 파티를[내 친구 중 한명에 의해 주어진]
4)거기에는/있다/7명의 학생들이[영어를 공부하고 있는]/이 학교에서]
5)너는 보느냐/저 여인을[한 빨간색 코트를 입고있는]?
6)저 그림은[반 고호에 의해 그려진]/매우 비싸다.
7)저 교수는[그 수업을 가르치고 있는]/내 삼촌이다.
8)이것은/있다/내 연구논문으로[제출하기로 계획되어져있는/이번 금요일까지]
9)캐나다에서,/너는/본다/표식들을[영어와 프랑스어 모두로 기록된]
10)한국은/있다/유일한 국가로[북과 남으로 분리된]
11)우리는/필요하다/누군가가[의학 학위를 소지하고 있는]
12)그 프로젝트는[한국에서 만들어지고 있는]/끝나게 될 것이다/내년에
13)그 남자는[그녀와 이야기하고 있는]/유명한 화가이다
14)거기에/있다/개 한 마리가[그의 주인에 의해 포기된/그 거리 위에]

(1)Students[living on campus]/are close/to each other.
(2)The person[sitting next to me]/is my best friend.
(3)Last Saturday,/I attended a party[given by one of my friends].
(4)There/are/seven students[studying English/at this school].
(5)Do you see/that woman[wearing a red coat]?
(6)That picture[painted by Van Gogh]/is very expensive.
(7)The professor[teaching the class]/is my uncle.
(8)This is my research paper[scheduled to hand in/until this Friday].
(9)In Canada,/you see signs[written in both English and French].
(10)Korea/is/the only country[separated North and South].
(11)We/need/someone[holding a medical degree].
(12)The project[being made in Korea]/will be finished/next year.
(13)The man[talking with her]/is a famous artist.
(14)There/is/a dog[abandoned by his owner/on the street].

ⓚ 명사를 수식하는 말(동격/전치사구)

1)그 학생들은 해야한다/선택하는 것을/2개의 언어를,[영어와 독일어인]
2)리비아는,[북 아프리카에 나라인],/선두 생산자이다/석유의
3)토론토는,[캐나다에 가장 큰 도시인]/수도가 아니다
4)제주도는,[세계적인 관광지로 알려진],/유네스코의 세계유산이다
5)우리는/필요하다/누군가가,[인테리어 디자인 안에서 학위를 소지하고 있는],/한 새 빌딩을 짓기위해
6)내 아버지는,[(그는)현명한 남자인],/큰 영향을 미쳤다(완료)/내 삶에
7)'어린 여인들'은,[1868년에 발행된 한 소설인],/내 자매의 가장 좋아하는 책이다
8)천문학은,[별들의 연구인],/하나이다/세계에서 가장 오래된 과학들 중의
9)우리는 방문했다 토쿄를,[일본의 수도인]
10)나는/받았다/2개의 직업 제안들을,[그것들 중의 어느 것도 나는 받아들이지 않았던].
11)나는/갖고 있다/두 명의 자매를,[그들 중의 하나는/외과의사인]
12)많은 학생들이[이 고등학교의]/들어갔다/하바드 대학에
13)그 계획은[진행 중에 있는]/끝내질 것이다/이번 주말까지
14)이 대학은/가지고 있다/50명의 학생들을[전 세계로부터 온]

(1)The students have to/choose/two languages,[English and German].
(2)Libya,[a country in North Africa],/is a leading producer/of oil.
(3)Toronto,[the largest city in Canada],/is not the capital.
(4)Jeju island,[known as a global tourist destination],/is UNESCO's world heritage. (5)We/need/someone,[holding a degree in interior design],/to build a new building. (6)My father,[who is a wise man],/has greatly influenced/my life. (7)*Little Women*,[a novel published in 1868],/is my sister's favorite book. (8)Astronomy,[the study of stars],/is one/of the world's oldest sciences. (9)We visited Tokyo,[the capital of Japan]. (10)I/received/two job offers,[neither of which I accepted]. (11)I/have/two sisters,[one of whom/is a surgeon]. (12)Many student[of this high school]/entered/the Harvard University. (13)The project[in progress]/will be finished/by this weekend. (14)This college/has/fifty students[from all over the world].

ⓛ 동사가 2개인 구문(동사+to부정사/동사+동명사)

1)그는/즐긴다/테니스를 치는 것을
2)나는/소망한다/영어를 공부하기를/잘
3)나는/그만두었다/담배피는 것을/일년 전에
4)우리는/동의했다/한 새 차를 사기로
5)나는 신경 쓰지 않는다/한 시간을 운전하는 것을/직장을 향해/매일
6)그들은/원했다/쇼핑가기를/한 백화점에
7)나는/연기했다/내 세금을 지불하는 것을/아주 오랫동안
8)그녀는 약속했다/열심히 공부할 것을
9)너는 (당연히) 피해야 한다/논쟁하는 것을/당신의 사장과
10)얼마에/너는 고려하느냐/네 자동차를 파는 것을?
11)그들은 거부했다/일할 것을/시간외로
12)우리는 정말로 감사한다/한 선생님을 가진 것을/그녀와 같은
13)그는 가장하고 있다/우는 것으로/다시
14)네가 끝낼 때/저 책을 읽는 것을,/내가 빌려도 될까 그것을?
15)우리는 제안했다/아이스크림을 살 것을/모든 아이들을 위해

(1)He/enjoys/playing tennis. (2)I/hope/to study English/well.
(3)I/quitted/smoking/a year ago. (4)We/agreed/to buy a new car.
(5)I don't mind/driving an hour/to work/every day.
(6)They/wanted/to go shopping/in a department.
(7)I/put off/paying my taxes/for too long. (8)She/promised/to study hard. (9)You should avoid/arguing/with your boss.
(10)How much/do you consider/selling your car?
(11)They refused/to work/overtime.
(12)We really appreciate/having a teacher/like her.
(13)She is pretending/to cry/again.
(14)When you finish/reading that book,/may I borrow it?
(15)We offered/to buy ice cream/for all the children.

동사가 2개인 구문(동사+to부정사/동사+동명사)

1)많은 학생들은/피한다/스피치 수업을 택하는 것을
2)당신은 신경을 쓸겁니까/올리는 것을/그 온도를?
3)존은 보인다/있는 것으로/불쾌한 기분 안에
4)누구나/허락되어졌다/일터를 일찍 떠나는 것이
5)학생들은/허락되지 않는다/그들의 휴대전화를 사용하는 것을/수업 중에
6)여행자들은 요구된다/그들의 신분증을 보여주는 것이/그 정문에서
7)지연하지 말아라/너의 결정을 만드는 것을
8)우리는 기대한다/서울에 도착할 것을/정오에
9)제발/멈춰라/이 방에서 소리지르는 것을
10)내 의사는 제안했다/30분 동안 운동하라고/매일
11)나는 충고받았다/운동할 것을/매일 30분 동안/내 의사에 의해
12)나는/기대한다/또 다른 사람을 만날 것을/여기서
13)나는 고려중이다/시작할 것을/약간의 가벼운 운동을/내일
14)잊지말아라/그 불을 끄는 것을/네가 떠나기 전에 그 사무실을
15)나는/후회한다/이 중고차를 산 것을

(1)Many students/avoid/taking speech class. (2)Would you mind/turning up/the heat? (3)John/seems/to be/in a bad mood. (4)Everyone/was allowed/to leave work/early. (5)Students/are not permitted/to use their cell phones/in class. (6)Travelers are required/to show their IDs/at the gate. (7)Don't delay/making your decision. (8)We expect/to arrive in Seoul/at noon. (9)Please/stop/shouting in this room. (10)My doctor suggested/exercising for thirty minutes/every day. (11)I was advised/to exercise/for thirty minutes every day/by my doctor. (12)I/expect/to meet another person/here. (13)I'm considering/starting/some light exercise/tomorrow. (14)Don't forget/to turn off the light/before you leave the office. (15)I/regret/buying this used car.

동사가 2개인 구문(동사+to부정사/동사+동명사)

1)정부는 논의 할거다/이 법을 만드는 것을/장래에
2)그들은/결심했다/그 계획을 포기하는 것을
3)너는 기억하느냐/한 사람을 본 것을[길을 따라 달려가고 있는]
4)너는 허락되어있지 않다/담배피는 것이/이 빌딩에서
5)나는 참을 수 없다/너와 함께 사는 것을
6)그들은 피했다 일하는 것을/장소들 안에서[(그것은)너무 공개되어있는]
7)나는 생각하지 않았다/너를 찾을 거라고/여기서
8)존은/실패했다/통과하는 것을 입학시험에
9)나는 의도하지 않았다/너를 놀라게 하려고
10)법정에서,/너는 (반드시) 맹세해야 한다/그 진실을 말한다고
11)나의 어머니는 소망한다/나와 함께 가기를/부산에/이번 주말에
12)나는/사랑한다/해변가에서 걷는 것을
13)나는 미워하곤했다/야채들을 먹는 것을
14)그들은 계속할 것이다/40시간을 일하는 것을/주당

(1)The government will discuss/making this law/in the future.
(2)They/decided/to give up the plan. (3)Do you remember /seeing a man[running along the street]? (4)You are not allowed/to smoke/in this building. (5)I can't stand/to live with you. (6)They avoided working/in places[which were too public].
(7)I didn't think/to find you/here.
(8)John/failed/to pass the entrance examination.
(9)I didn't mean/to frighten you.
(10)In a court of law,/you must swear/to tell the truth.
(11)My mother hopes/to go with me/to Pusan/this weekend.
(12)I/love/to walk on the beach. I/love/walking on the beach.
(13)I used to hate/to eat vegetables. I used to hate/eating vegetables.
(14)They will/continue/to work forty hours/per week.

ⓜ 복합동사가 있는 구문(동사+부사)

1)무슨 번호를/너는 돌려야하느냐/신고하기위해/화재를
2)차에 타라/그렇지 않으면/너는 늦게 될 것이다.
3)너는 제출할 수 있느냐/그 보고서를/정해진 기간에?
4)인간은/섭취한다/산소를/그리고/숨을내쉰다/이산화탄소를
5)그녀는 하지 않았다/참가하는 것을/그 논의에
6)이 산은/너무 경사가 급하다, 그래서 나는 할 수 없다/오르는 것을/더 이상
7)그는/성장했다/부산에서
8)너는 정했느냐 마음을/열심히 공부하기로?
9)깨어나라/그리고/시작해라/네 방을 청소하는 것을
10)그녀는 말했다 (그것을)/그녀가 설거지할 것이라고/나를 위해
11)할 수 있느냐 너는/서두르는 것을? 나는 갖고있지 않다/많은 시간을/할애할
12)나는 막 하려고했다/전화끊는 것을
13)언제 할거냐 너는/찾으러 가는 것을/그 티켓을?
14)그들은/설치했다/캠프를/한 황무지에.
15)한번 나는 결정이 되면/나는 절대로 포기하지 않는다

(1)What number/do you dial/to call in/a fire? (2)Get in the car, /or/you will be late. (3)Can you hand in/the report/on time? (4)Human/takes in/oxygen/and /breathe out/carbon dioxide. (5)She didn't/participate in/the discussion. (6)This mountain is/too steep, so I can't/go up/any farther. (7)He/grew up/in Busan. (8)Did you make up your mind/to study hard?(9)Wake up/and start/cleaning your room. (10)She said (that)/she would wash up/for me. (11)Can you/hurry up? I don't have/much time/to spare. (12)I was just about/to hang up. (13)When will you/pick up/the ticket? (14)They/set up/camp/in a wilderness. (15)Once I am determined,/I never give up.

복합동사가 있는 구문(동사+부사)

1)어린이들은/치장한다/색동 한복으로/설날에
2)나는 절대로 일어나지 않는다/아침 일찍
3)그는 너무 술취해 있다/그래서 거의 할 수 없다/일어서는 것을
4)올려라/그 온도를/중간으로
5)너는 할 수 있다/찾아보는 것을/무언가 네가 필요로 하는 것을/컴퓨터에서
6)나는/도왔다/한 노인을/버스에 타도록/어제
7)그냥/틀어라/약간의 음악을/그리고 춤추어라.
8)그는 입고 있다/그의 바지를
9)우리는 계속하지 않는다/이 사업을/여름에는.
10)그것은 달려있다/어디에 우리가 있느냐에
11)너는 하고싶으냐/입어보는 것을/이것을? 12)제발/내리세요/여기에서
13)꺼라/그 오븐을/그리고 남겨두어라/비스켓들을/안에/시원해질 때까지
14)나는 해야한다/맡기는 것을/무언가를/세탁소에
15)그것은 있었다(완료)/연기되어져/금요일까지
16)왜/하지 않습니까 당신은/벗는 것을/당신의 셔츠를?

(1)Children/dress up/in rainbow-colored Hanbok/on the New Year's Day. (2)I never get up/early in the morning. (3)He is so drunk /that he can't hardly/stand up. (4)Turn up/the heat/to medium. (5)You can/ look up/what you need/on the computer. (6)I/helped/an old man/to get on the bus/yesterday. (7)Just/turn on/some music/and dance. (8)He is putting on/his pants. (9)We do not keep on/this business/on summer. (10)That will depend on/where we are at. (11)Would you like to/try on/this? (12)please/get off/here. (13)Turn off/the oven/and leave/biscuits/in/until cool. (14)I have to/drop off/something/at the dry cleaners. (15)It's been/put off/until Friday. (16)Why/don't you/take off/your shirt?

복합동사가 있는 구문(동사+부사)

1)그들은/차단했다/물 공급을
2)그는 하지 않았다/취소하는 것을/그의 여행을.
3)미안해요,/나는 늦었어요. // 내 알람시계는 하지 않았어요/울리는 것을
4)그녀에 대한 그 소문은/밝혀졌다/아무 것도 아닌 것으로
5)나가라/그 빌딩에서/가능하면 빨리
6)아무도 하지 않을거다/내게 데이트를 청하는 것을
7)나는/가지고나간다/쓰레기를/매일
8)너는 할 수 있다/더 많이 대출하는 것을/한 번에 세 권보다
9)중퇴 후에/그 대학의, 그는/복무했다/육군에.
10)나는 할 수 없다/생각해 내는 것을/어떻게 그들이 그것을 했는지
11)엄마는 원하지 않았다/우리가/알아내는 것을
12)제발/나가세요/그리고 잠깐 동안 기다리세요
13)나는/운동한다/규칙적으로,/그리고 절대로 먹지 않는다/과도하게
14)때때로/논쟁이/발생한다
15)너는 원하는 것을/외식하기를/나와 함께?

(1)They/shut off/the water supply. (2)He didn't/call off/his trip. (3)Sorry,/I'm late. // My alarm didn't/go off. (4)The rumor about her/turned out/nothing. (5)Get out/of the building/as soon as possible. (6)Nobody will/ask me out. (7)I/take out/the garbage/everyday. (8)You can/check out more/than three books at a time. (9)After dropping out/of the university, he/served/in the army. (10)I can't/figure out/how they did it. (11)Mom didn't/want/us/to find out. (12)Please/go out/and wait for a while. (13)I/work out/regularly/and never eat/excess. (14)Sometimes,/arguments/break out. (15)Do you want/to eat out/with me?

복합동사가 있는 구문(동사+부사)

1)너는/들어가지 말아라/이 지역에서
2)너는/(반드시)해야만 한다/채우는 것을/빈칸을
3)나는/종종/많은 시간을 보낸다/친구들과/커피숍들에서
4)우리는 있다/매진된(상태로)/티켓들이
5)나는/다 떨어졌다(완료)/용돈이
6)제발/하지 말아라/그를 내쫓는 것을
7)나는 생각한다/내가 할 예정이라고/기절하는 것을
8)할 수 있느냐/가리켜주는 것을/학교 사무실을/내게
9)많은 사람들이/도와주었다/끄는 것을/그 불을
10)않했나요 당신은/고르는 것을/결혼 반지를/아직?
11)조심해라,/차가 오고 있다.
12)제발/줄을 그어 지워라/스펠링이 틀린 것들을
13)나는/소망한다/(길을) 떠나기를/아침 일찍
14)그는/돌아가셨다/두 시간 전에
15)시간이 할 것이다/제거하는 것을/그녀의 고통을

(1)You/keep out/of this. (2)You have to/fill out/the blank.
(3)I/often/hang out/with friends/in coffee shops.
(4)We are/sold out/of tickets. (5)I/have run out/of pocket money.
(6)Please/don't/kick him out. (7)I think/I'm going to/pass out.
(8)Could you/point out/the school office/to me?
(9)Many people/help/to put out/the fire.
(10)Didn't you/pick out/wedding ring/yet?
(11)Look out,/a car's coming.
(12)Please/cross out/the spelling mistakes.
(13)I/hope/to get a way/early in the morning.
(14)He/passed away/two hours ago.
(15)Time will/take away/her pain.

복합동사가 있는 구문(동사+부사)

1)하지 말아라/버리는 것을/담배꽁초를/바닥에
2)인형들은/치워져 있다.
3)모든 사람들은/소리질렀다/그리고 도망갔다.
4)무언가 있다/태워없어지면서/하루종일
5)뒤집어라/그리고 구워라/3분 더
6)그들은 극복할 거다/그것을/곧
7)곰곰이 생각해보아라/무엇을 내가 말했는지(완료) 네게
8)김씨가 인수할 거다/내 일을/내가 휴가 중에 있을 때
9)하지마라/바라보는 것을/나를 그렇게
10)우리가 하자/찾는 것을/무언가를/먹기위한
11)우리는 할 필요가 있다/조사하는 것을/그것을
12)나는 할거다/검토하는 것을/너의 지원서를/며칠내에
13)호랑이들은/닮았다/고양이들을,/그렇지 않니?
14)나는/필요하다/누군가가/돌보기위한/내 개를
15)나는/고대한다/너를 만나기를
16)자 오세요/안으로/그리고 그냥/둘러보세요.

(1)Don't/throw away/a cigarette but/on the floor.
(2)The dolls/are put away. (3)All the people/screamed/and ran away. (4)Something is/burning away/whole day.
(5)Turn over/and bake/three minutes more. (6)They will get over/it/soon. (7)Think over/what I have told you.
(8)Mr. Kim will take over/my job/while I'm on leave.
(9)Don't/look at/me/like that. (10)Let's/look for/something/to eat.
(11)We will need/to look into/it. (12)I'll/look over/your application/in a few days. (13)Tigers/look like/cats,/don't they?
(14)I/need/someone/to look after/my dog. (15)I/look forward to/meeting you. (16)Come on/in/and just/look around.

ⓝ 전치사가 있는 구문(1)

1)나는/만났다/그녀를/그 병원에서	
2)그 차는/기다리고 있다/교통 신호에서	
3)나는 할 수 없다/자는 것을/밤에	4)무엇을/너는 할 거냐/크리스마스에?
5)우리는/떠났다/2시에	6)그의 집은/있다/그 길의 그 끝에
7)그것을 내려 놓아라/테이블 위에	8)그는/왔다/일요일에
9)나는 만날 예정이다/존을/일요일 아침에	
10)이것은 한 책이다/남아프리카에 관한	
11)저기에 약간의 책들이 있다/선반 위에	
12)무엇이/있느냐/가방 안에?	13)그녀는/누워 있었다/침대에
14)그녀는/태어났다/봄에	15)그는/갔다/학교에/오늘 아침에
16)나는/간다/교회에/매 일요일에	
17)나이지리아는 한 나라이다/아프리카에 있는	
18)존은/살았다/한국에/2005년부터 2010년까지	
19)그녀는/공부했다/영어를/오후 9시까지	
20)나는 돌아 올거다(계획)/토요일까지	

(1)I/met/her/at the hospital. (2)The car/is waiting/at the traffic lights. (3)I can't/sleep/at night. (4)What/are you doing/at Christmas? (5)We/left/at 2 o'clock. (6)His house/is/at the end of the street. (7)Put it down/on the table. (8)He/came/on Sunday.
(9)I'm going to meet/John/on Sunday morning.
(10)This is a book/of South Africa. (11)There are some books/on the shelf. (12)What/is/in the bag? (13)She/was lying/in bed. (14)She/was born/in spring. (15)He/went/to school/this morning. (16)I/go/to church/every Sunday. (17)Nigeria is a country/in Africa.
(18)John/lived/in Korea/from 2005 to 2010.
(19)She/studied/English/until 9 p.m.
(20)I will be back/until Saturday.

전치사가 있는 구문(2)

1)나는/간다/학교에/내 친구와 함께	2)그 개는/있다/그 테이블 아래
3)나는 갈거다(계획)/영화관에/토요일 저녁에	
4)그 버스는 떠날 거다(예측)/10분 내로	
5)나는 언제나/느낀다/피곤한(상태를)/아침에는	
6)나는 만날거다(계획)/존을/일요일 아침에	
7)나는/일어났다/7시에/오늘 아침에	
8)모든 사람은/느낀다/긴장한(상태를)/시험 전에는	
9)존은/일했다/그 식당에서/3년 동안/학교를 떠난 후에	
10)너는 해야한다/아침식사를 하는 것을/외출하기 전에	
11)우리는 당연히 해서는 안된다/말하는 것을/예배 중에는	
12)기록해라/네 이름을/그 종이의 맨 위에	
13)그녀는 있었다/서있으면서/발로	14)그는 있었다/비행기에/뉴욕발
15)존은 앉아있었다/메리 앞에/커피숍에서	
16)그 그림은/있다/그 책장 위에	17)나는/머물렀다/도서관에/9시까지
18)나는/좋아한다/책읽는 것을/침대에서	

(1)I/go/to school/with my friend. (2)The dog/is/under the table. (3)I'm going/to a movie/on Saturday evening. (4)The bus will/leave/in ten minutes. (5)I always/feel/tired/in the morning. (6)I'm meeting/John/on Sunday morning. (7)I/got up/at 7 o'clock/this morning. (7)I/call/John/every Saturday. (8)Everybody/feels/nervous/before exams. (9)John/worked/in the restaurant/for three years/after leaving school. (10)You have to /have breakfast/before going out. (11)We should not/speak/during the worship service. (12)Write/your name/at the top of the paper. (13)She was/standing/on one foot. (14)He was/on the plane/from New York. (15)John/is sitting/in front of Mary/in the coffee shop. (16)The pictures/are/above the book shelf. (17)I/stayed/at the library/until 9 o'clock. (18)I/like/reading books/in bed.

전치사가 있는 구문(3)

1)너는 좋아하느냐/여행하는 것을/기차로?	
2)그 집은 있다/온열되면서/가스로	3)하지 말아라/나가는 것을/너의 코트없이
4)그는/발견했다/그 장소를/어려움 없이	
5)몇몇 사람들은/말한다/그들의 일에 대하여/내내	
6)말해라 내게/모두를/그것에 대하여	7)테니스에서,/너는 친다 그 공을/라켓으로
8)그 남자는/수영했다/강을 가로질러서	
9)나는 걷고 있었다/길을 따라서/내 개와 함께	
10)트럭들은 움직이고 있다/고속도로를 따라서/빠른 스피드로	
11)우리는/뛰어들었다/물 속으로	12)오라/집 안으로
13)새 한 마리가/날았다/집 안으로/창문을 통하여	
14)한강은/흐른다/서울을 통과하여	15)우리 집은/있다/바로 코너를 돌아서
16)우리는/걸었다/마을 주변을	17)그 다리는/있다/강 위에
18)나는/껑충뛰었다/담 너머를/정원 속으로	
19)그는/올라갔다/나무 사다리 위로	20)우리는/산다/바로/도로 위쪽에
21)그 돌은/굴렀다/언덕 아래로	22)그는/산다/바로/길 아래쪽에

(1)Do you like/travelling/by train? (2)The house is/heated/by gas. (3)Don't/go out/without your coat. (4)He/found/the place/without difficulty. (5)Some people/talk/about their work/all the time. (6)Tell me/all/about it. (7)In tennis,/you hit the ball/with a racket. (8)The man/swam/across the rivers. (9)I was walking/along the road/with my dog. (10)Trucks are moving/along the highway/at high speed. (11)We/jumped/into the water. (12)Come/into the house. (13)A bird/flew/into the room/through a window. (14)The Han River/flows/through Seoul. (15)Our house/is/just round(around) the corner. (16)We/walked/around the town. (17)The bridge/is/over the river. (18)I/jumped/over the wall/into the garden. (19)He/climbed/up a wooden ladder. 20)We/live/just/up the road. (21)The stone/rolled/down the hill. 22)He/lives/just/down the street.

종속접속사가 있는 구문(1)

1) 내가 8살이었을때,/나는/들어갔다/초등학교에
2) 전화해라 내게/네가 끝냈을 때(완료)/너의 일을
3) 그녀는/울었다/내가 말했을 때 내 이야기를
4) 너는 갈 수 있다/수영하는 것을/내가 먹고 있을 동안에 점심을
5) 네가 기다리는 동안에,/그 신발은 있을 것이다(추측)/수선되어져
6) 그 호수가 고요하게 있기 때문에,/존은/갔다/낚시를
7) 우리는/갔다/쇼핑을/왜냐하면 그 날씨가 좋았기 때문에
8) 날씨는 아주 나빴다/그래서 나는 늦었다.
9) 그는/얻었다/아주 흥분된(상태를)/그래서 그는 말할 수 없었다
10) 만일 그것이 비가온다면 내일,/나는 가지 않을 거다(추측)/공원에
11) 만일 네가 게으르다면,/너는 실패할 것이다(추측)/시험에서
12) 나는 가지 않을 것이다/학교에/내일,/내가 더 나았다고 느끼지 않는 한
13) 나는 거기에 있을 것이다/여섯시에/그 기차가 늦지 않는 한
14) 비록 그가 늦었을지라도,/그는/갔다/학교에
15) 비록 내가 공부 안 했었을지라도 열심히,/나는/쟁취했다 좋은 점수를/그 시험에서

(1) When I was 8 years old,/I/entered/elementary school.
(2) Call me/when you have finished/your work.
(3) She/wept/as I told my story.
(4) You can go/swimming/while I am having lunch.
(5) While you wait,/the shoes will be/mended
(6) Because the lake was calm,/John/went/fishing.
(7) We/went/shopping/because the weather was good.
(8) The weather was so bad/that I was late.
(9) He/got/so excited/that he could not speak.
(10) If it rains tomorrow,/I will not go/to the park.
(11) If you are idle,/you will fail/in the exam.
(12) I will not go/to school/tomorrow/unless I feel better.
(13) I will be there/at six/unless the train is late.
(14) Although he was late,/he/went/to school.
(15) Although I didn't study/hard,/I/won good mark/in the exam.

◎ 종속접속사가 있는 구문(2)

1) 나는 얻자마자 표를,/나는 보낼 것이다(추측) 그것을/너에게
2) 당신은 물어볼 수 있습니까 그에게/내게 다시 전화하라고/가능하면 빨리?
3) 나는/일어났다/해가 떠오르기 전에
4) 내가 말하기 전에 당신에게,/당신은 말할 겁니까(가정) 내게/먼저?
5) 우리는 지원할 것이다(의지) 그를/그가 찾을 때까지 일을
6) 멈춰라/너의 큰 입(허풍)을/네가 보여줄 때까지 우리에게/약간의 증거를
7) 너는 할 수 있다/나를 방문하는 것을/언제든지 네가 원하면
8) 앉아라/어디든지 네가 좋아하는 곳에
9) 그녀는/수영한다/매일/그녀가 유지 할 수 있도록 하기위하여/건강한(상태를)
10) 그는 부유하다,/반면에 그의 형제는 가난하다
11) 해라/로마에서는/로마인이 하는 것처럼
12) 그는/있다/그렇게 키가 큰(상태로)/나처럼
13) 토끼는/달린다/더 빨리/거북이 보다
14) 그 어린이는/말한다/마치 그가 한 남자인 것처럼
15) 그는/산다/마치 그가 백만장자인 것처럼

(1) As soon as I get ticket,/I will send it/to you.
(2) Could you ask him/to call me back/as soon as possible?
(3) I/got up/before the sun rose.
(4) Before I tell you,/would you tell me/first?
(5) We will support him/until he finds work.
(6) Stop/your big talk/until you show us/some proof.
(7) You can/visit me/whenever you want. (8) Sit/wherever you like.
(9) She/swims/everyday/so that she can stay/healthy.
(10) He is rich,/while his brother is poor.
(11) Do/in Roma/as the Romans do.
(12) He/is/as tall/as I(am tall).
(13) A rabbit/runs/sooner/than a turtle (runs).
(14) The child/talks/as if he were a man.
(15) He/lives/as if he were a millionaire.

ⓟ 동등 접속사가 있는 구문(1)

1) 그 소년과 소녀는/갔다/산책하러	2) 해라 그것을/천천히 그리고 조심스럽게

3) 할 수 있느냐 그는/읽는 것과 쓰는 것을
4) 나는 요리했다 점심을,/그리고 나는 만들었다 케이크를.
5) 5와 5는/만든다/10을
6) 나는 했다 내 숙제를/그리고 갔다 산책하러
7) 그녀와 그녀의 여동생 모두는/칠 수 있다/피아노를
8) 그녀는/있다/모두를 아름답고 친절한 것
9) 나는/할 수 있다/모두를 요리하는 것과 바느질하는 것을
10) 주어라 내게 자유를,/그렇지 않으면 주어라 내게 죽음을!
11) 답변해라/다음 질문에/진실이다 또는 거짓이다로
12) 내 부모님은/있었다/엄격하게 그러나 공정하게/그들의 자녀들에게
13) 그것은 싸다,/그러나 그것은 매우 좋지 않다
14) 그것은 있지 않다/싼(상태로)/그러나 매우 좋은(상태로)
15) 그녀는 있다/오직 아름다울 뿐 아니라/그러나 또한 친절한(상태로)
16) 너뿐만 아니라/그러나 나 역시/나쁘다.

(1) The boy and the girl/went/for a walk.
(2) Do it/slowly and carefully. (3) Can he/read and write?
(4) I cooked lunch,/and I made a cake.
(5) 5 and 5/makes/10.
(6) I did my homework/and went for a walk.
(7) Both she and her sister/can play/the piano.
(8) She/is/both beautiful and kind.
(9) I/can/both cook and sew.
(10) Give me liberty,/or give me death!
(11) Answer/the following question/true or false.
(12) My parents/were/strict but fair/with their children.
(13) It's cheap,/but it's very good.
(14) It's not/cheap/but very good.
(15) She is/not only beautiful/but also kind.
(16) Not only you but also I/am wrong.

동등 접속사가 있는 구문(2)

1)당신은 하시겠습니까/커피 또는 차를?
2)말하든지/네가 미안하다고/그렇지 않으면 나가라
3)나는 원한다 네게/대답하는 것을/예쓰든지 또는 노를 가지고
4)나는/갖고 있지 않다 어느 것이든/돈이든 직업이든
5)그녀는/먹지도 마시지도 않았다/하루 종일
6)그는 행복하다,/왜냐하면 그는 합격했기 때문이다/그 시험에
7)그는/걸렸다/독감에. // 그럼에도 불구하고,/그는/갔다/학교에
8)그는/걸렸다/독감에. // 하지만,/그는/갔다/일하러
9)그는 부자이다. // 반면에,/그의 동생은 가난하다.
10)반면에/그는 사랑한다 요리하는 것을/그리고 그는 사랑한다 디자인을
11)날씨가 나빴다,/그래서 나는 늦었다.
12)그녀는/수영한다/매일,/그래서 그녀는 유지할 수 있다/건강한(상태를)
13)공부해라 열심히. // 그렇지 않으면,/너는 실패할거다(추측)/그 시험에.
14)출발해라/즉시. // 그렇지 않으면,/너는 늦을 것다(추측)
15)나는 너무 행복했었다/그래서 나는 그냥 울었다.

(1)Would you like/coffee or tea? (2)Either say/you are sorry/or get out.
(3)I want you/to answer/with either yes or no.
(4)I/have neither/money nor job.
(5)She/neither ate nor drank/all days.
(6)He is happy,/because he passed/the exam.
(7)He/had/a bad cold. // Nevertheless,/he/went/to school.
(8)He/had/a bad cold. // However,/he/went/to work.
(9)He is rich. // On the other hand,/his brother is poor.
(10)On the other hand,/he loves to cook/and he loves design.
(11)The weather was bad,/so I was late.
(12)She/swims/everyday,/so that she can stay/healthy.
(13)Study hard. // Otherwise,/you will fail/the exam.
(14)Start/at once. // Otherwise,/you will be late.
(15)I was so happy/that I just wept.

② 가주어가 있는 구문

1) 그것은 좋다/아는 것은/어떻게 영어를 공부하는지를
2) 그것은 좋지 않다/컴퓨터를 지나치게 사용하는 것은
3) 그것은 상책이다/도망가는 것은
4) 그것은 나쁜 태도이다/그런 질문을 하는 것은
5) 그것은 쉽다 내게/당신의 일을 돕는 것은
6) 그것은 쉽지 않다 내게/당신의 숙제를 돕는 것은
7) 그것은 어렵다 내게/이 문제에 대하여 말하는 것은
8) 그것은 멋지다/네가 내게 보여주는 것은/그 길을
9) 그것은 친절하다/네가 말하는 것은 그렇게
10) 그것은 좋다/네가 도와주는 것은/가난한 사람들을
11) 그것은 매우 잔인하다/네가 하는 것은/그러한 것을
12) 그것은 잘 알려져 있다/흡연은 나쁘다는 것은/건강을 위해
13) 그것은 중요하다/우리가 영어를 공부해야만 하는 것은/열심히
14) 그것은 필수적이다/우리가 그것을 고려하는 것은/조심스럽게
15) 그것은 놀라운 일이 아니다/한국사람들이 좋아하지 않는 것은/영어를 공부하는 것을

(1) It is good/to know/how to study English.
(2) It is not good/to overuse/computer.
(3) It is best/to run away.
(4) It is bad manner/to ask such a question.
(5) It is easy for me/to help your work.
(6) It's not easy for me/to help your homework.
(7) It is difficult for me/to talk about this problem.
(8) It is nice/of you to show me/the way.
(9) It is kind/of you to say/so.
(10) It is good/of you to help/poor people.
(11) It is very cruel/of you to do/such a thing.
(12) It is well known/that smoking is bad/for health.
(13) It is important/that we (should) study English/hard.
(14) It is necessary/that we consider it/carefully.
(15) It is no surprise/that Korean people don't like/to study English.

〈부록〉
필수 영단어
300형용사/500동사
Voca.

형용사(1)

쉬운/어려운	easy/difficult	가득찬/비어있는	full/empty
좋은/나쁜	good/bad	강한/약한	strong/weak
긴/짧은	long/short	단단한/부드러운	hard/soft
무거운/가벼운	heavy/light	살아있는/죽은	alive/dead
큰/작은	big/small	결석한/참석한	absent/present
빠른/느린	fast/slow	얇은/두꺼운	thin/thick
뜨거운/차가운	hot/cold	진실의/거짓의	true/false
옳은/틀린	right/wrong	밝은/어두운	bright/dark
부유한/가난한	rich/poor	바쁜/자유로운	busy/free
행복한/불행한	happy/unhappy	깨끗한/더러운	clean/dirty
기쁜/슬픈	glad/sad	젊은/나이든	young/old
(수가)많은/적은	many/few	지혜로운/지혜롭지 못한	wise/unwise
(양이)많은/적은	much/little	영리한/우둔한	clever/dull
잘생긴/못생긴	handsome/ugly	갑작스러운/점진적인	sudden/gradual
거친/부드러운	tough/tender	깨달아 아는/무식한	aware/ignorant
첫번째/마지막	first/last	높은/낮은	high/law
같은/다른	same/different	비싼/싼	expensive/cheap
건조한/촉촉한	dry/moist	공적인/사적인	public/private

형용사(2)

고대의/현대의	ancient/modern	최근의/현재의	current/present
군대의/민간인의	military/civilian	공손한/무례한	polite/rude
도덕적인/비도덕적인	moral/immoral	친절한/불친절한	kind/unkind
필요한/불필요한	necessary/unnecessary	시원한/따뜻한	cool/warm
맛있는/역겨운(구역질나는)	delicious/yucky	진지한/엄격한	serious/severe
긴장한/수줍은	nervous/shy	생명에 필요한/본질적인	vital/essential
개인의/독립적인	individual/independent	야망있는/열망하는	ambitious/anxious
두려워하는/무서워하는	afraid/scared	외로운(쓸쓸한)/혼자지내는	lonely/solitary
추가의(여분의)/추가의(부가적인)	extra/additional	극단적인/최상의	extreme/supreme
재빠른(동작이)/빠른(속도가)	quick/speedy	호기심있는/흥미있는	curious/interested
점잖은/순한	gentle/mild	낭만적인/다정한	romantic/tender
꾸준한/규칙적인	steady/regular	끔찍한/지독한	terrible/awful
지속적인/끊임없는	continuous/constant	우아한/매력적인	graceful/charming
유능한(일등가는)/할 능력이 있는	capable/able	의존적인/독립적인	dependent/independent
급행의/급속한	express/rapid	준비된/완성된	ready/completed
적절한/실제의	proper/actual	현실적인/진짜의	real/genuine
죄가 있는/범죄의	guilty/criminal	표준의/보통의(평범한)	standard/normal
중요한/의미심장한	important/significant	상업적인/재정적인	commercial/financial

형용사(3)

조직적인/효율적인	systematic/efficient	정확한(틀림없는)/정확한(정밀한)	accurate/exact
폭력적인/야만적인	violent/wild	헛된/쓸모없는	vain/useless
미친/속상한	mad/upset	발랄한/명랑한	cheerful/merry
낙심한/슬픈	depressed/sad	공평한/불공평한	fair/unfair
평온한/고요한	calm/still	약간의/서넛의	some/several
애정을 느끼는/사랑하는	fond/lovely	아름다운/매력적인	beautiful/attractive
예쁜/귀여운	pretty/cute	중요한/주된	major/main
전체의(합계의)/전체의(온전한)	total/entire	원래의/창조적인	original/creative
귀중한/가치있는	precious/valuable	만족스러운/받아들일 수 있는	satisfactory/acceptable
의도적인(고의의)/충동적인	deliberate/impulsive	목마른/피곤한	thirsty/tired
분명한(명확한)/분명한(확실한)	definite/obvious	짝수의/홀수의	even/odd
균등한(대등한)/고른(평평한)	equal/even	빈/공허한	empty/vacant
유효한/타당한	valid/reasonable	열대의/온대의	tropical/temperate
의학의(의료의)/과학의	medical/scientific	(차고넘치게)충분한/(적당히)충분한	sufficient/enough
건전한/건강한	sound/healthy	유일한/독특한	only/unique
낙관적인/비관적인	optimistic/pessimistic	(눈에)보이는/보이지 않는	visible/invisible
신경질적인/불안한	nervous/uneasy	토박이의/국가의	native/national
주관적인/객관적인	subjective/objective	지역의(현지의)/지역의(지방의)	local/regional

형용사(4)

넓은/좁은	broad/narrow	자랑스러운/수치수러운	proud/ashamed
매끄러운/매끄럽지 않은	smooth/rough	수다스러운/말 수 적은	talkative/silent
편안한/불편한(편안하지 않은)	comfortable/uncomfortable	위험한/안전한	dangerous/safe
편리한/불편한(편리하지 않은)	convenient/inconvenient	순수한/오염된	pure/polluted
달콤한/쓴	sweet/bitter	절대적인/상대적인	absolute/relative
공식적인/비공식적인	formal/informal	단순한/복잡한	simple/complex
공정한/불공정한	fair/unfair	외국의/국내의	foreign/domestic
육체적인/정신적인	physical/mental	요리된/날 것의	cooked/raw
자연적인/인공적인	natural/artificial	이전의/다음의	previous/next
동등한/비슷한	equal/alike	규칙적인/불규칙적인	regular/irregular
합법적인/불법적인	legal/illegal	일시적인/영구적인	temporary/permanent
사회적인/정치적인	social/political	선배의/후배의	senior/junior
수직의/수평의	vertical/horizontal	비옥한/메마른	fertile/barren
독특한/평범한	unique/plain	똑바른(일직선의)/구부러진	straight/bent
진짜의/가짜의	genuine/fake	친근한/이상한(낯선)	familiar/strange
흔한/흔치않은	usual/unusual	시끄러운/조용한	noisy/quiet
정직한/부정직한	honest/dishonest	믿음이 가는/믿어지지 않는	credible/incredible
탁월한/일상적인	excellent/ordinary	충분한/부족한	enough/lack

동사(1)

가다/오다	go/come	걷다/달리다	walk/run
일하다/공부하다	work/study	묻다/대답하다	ask/answer
먹다/마시다	eat/drink	가르치다/배우다	teach/learn
웃다/울다	laugh/cry	열다/닫다	open/close
시작하다/끝내다	begin/end	만들다/생산하다	make/produce
설계하다(디자인하다)/계획하다	design/plan	접속하다/연합하다	link/unite
경험하다/실험하다	experience/experiment	만나다/발견하다	meet/find
보이다/(바라)보다	see/look	가지다/소유하다	have/possess
원하다/소망하다	want/hope	뛰어오르다/뛰어오르다	jump/spring
알다/인식하다	know/recognize	듣다(들리다)/(귀 기울여)듣다	hear/listen
움직이다/머물다	move/stay	설명하다/묘사하다	explain/describe
읽다/쓰다	read/write	밀다/당기다	push/pull
보여주다/전시하다	show/display	기대하다/예상하다	expect/anticipate
운동하다/연습하다	exercise/practice	생각하다/가정하다	think/suppose
숨기다/드러내다	hide/reveal	출발하다/멈추다	start/stop
창조하다/발명하다	create/invent	부수다(깨뜨리다)/손상을 입히다	break/demage
자르다/(얇게)베다	cut/slice	두드리다/(발로)차다	knock/kick
아프게하다/상처를 입히다	hurt/injure	해를 입히다/고통받다	harm/suffer

동사(2)

토론하다/논쟁하다	discuss/argue	샅샅이 뒤지다/연구하다	search/research
가리키다/나타내다	point/indicate	봉사하다/헌신하다	serve/devote
잠자다/잠이깨다	sleep/wake	부르다(전화하다)/방문하다	call/visit
사랑하다/미워하다	love/hate	기억하다/기억나게하다	remember/remind
사용하다/낭비하다	use/waist	(돈내고)예약하다/(돈안내고)예약하다	book/reserve
비행하다/항해하다	fly/sail	운전하다/타다(몰다)	drive/ride
만지다/느끼다	touch/feel	꿈꾸다/상상하다	dream/imagine
선출하다/선택하다	elect/choose	지배하다/통치하다	rule/govern
허락하다/금하다	allow/forbid	사다/팔다	buy/sell
더하다/나누다	add/devide	수입하다/수출하다	import/export
입학하다/졸업하다	enter/graduate	거부하다/거절하다	reject/refuse
속이다(거짓말로)/속이다(계교로)	deceive/trick	돕다/보조하다	help/assist
후원하다/지원하다	support/aid	격려하다/낙담시키다	encourage/discourage
교육시키다/훈련시키다	educate/train	성공하다/성취하다	succeed/achieve
심다/물주다	plant/water	흐르다/홍수가 나다	flow/flood
(건물을)짓다/건설하다	build/construct	비교하다/대조하다	compare/contrast
작곡하다/지휘하다	compose/conduct	혼동시키다/어리둥절하게하다	confuse/puzzle
증가시키다/감소시키다	increase/decrease	물어보다/요청하다	ask/require

동사(3)

집중해보다/관찰하다	watch/observe	활동하다/처신하다	act/behave
찬성하다/반대하다	agree/object	여행하다/관광하다	travel/tour
결혼하다/이혼하다	marry/divorce	미끄러지다/미끄러져 넘어질뻔하다	slide/slip
고용하다(단기간)/채용하다(장기간)	hire/employ	출판하다/인쇄하다	publish/print
토대를 두다/설치하다	base/place	고려하다/간주하다	consider/regard
판단하다/평가하다	judge/evaluate	함유하다/연루시키다	contain/involve
용서하다/비난하다	forgive/blame	변명하다/사과하다	excuse/apologize
(우연히)일어나다/발생하다	happen/occur	호소하다/기도하다	appeal/pray
맹세하다/약속하다	swear/promise	기억하다/잊다	remember/forget
전진하다/철회하다	advance/withdraw	사다/구매하다	buy/purchase
존경하다/무시하다	respect/ignore	추천하다/찬성하다	recommend/approve
위험을 무릅쓰다/감히~하다	risk/dare	보고하다/의사소통하다	report/communicate
목록에 올리다/등록하다	list/register	비난하다/고소(고발)하다	blame/accuse
붙이다/걸다(매달다)	post/hang	표시하다/등급을 나누다	mark/grade
(생각을)주장하다/((사실을)주장하다	insist/claim	지불하다/비용이 들다	pay/cost
둘러싸다(포위하다)/빙빙돌다	surround/circle	관심갖다/걱정하다	concern/worry
한정하다/제한하다	limit/restrict	혼합하다/분리하다	mix/separate
전공하다/부전공하다	major/minor	자격을 갖추다/맞다(적합하다)	qualify/fit

동사(4)

(공손히)요청하다/(강력히)요구하다	request/demand	내려가다/올라가다	descend/ascend
내기를 걸다/도박을 하다	bet/gamble	놀라게하다(불안)/놀라게하다(겁먹게)	alarm/frighten
경쟁하다(경합)/경쟁하다(투쟁)	contest/compete	반대하다/싸우다	oppose/fight
노래부르다/춤추다	sing/dance	완성하다/끝내다	complete/finish
거래하다/무역하다	deal/trade	즐겁게하다/기쁘게하다	entertain/please
증명하다/반증하다	prove/disprove	영향을 미치다(누군가에)영향을 주다	affect/influence
공격하다/방어하다	attack/depend	뽐내다/후회하다	boast/regret
살다/생존하다	live/survive	존재하다/머물다	exist/stay
인도하다/따라가다	lead/follow	지시하다(명령)/지시하다(주문)	command/order
헤매다/표류하다	wander/drift	물속에 가라앉다/(물 위에)뜨다	sink/float
물속에 뛰어들다/물에 담그다	dive/dip	가져오다/가져가다	bring/take
나르다/전달하다	carry/convey	(개수를)세다/계산하다	count/calculate
(강조하다중요성)/강조하다(특색)	emphasize/highlight	통제하다/다루다	control/handle
경영하다/감독하다	manage/supervise	순종하다/복종하다	obey/submit
매달리다/떨어지다	hang/drop	쓰러지다/일어서다	fall/rise
시도하다(노력하다)/시도하다(꾀하다)	try/attempt	안내하다/교훈하다	guide/instruct
취소하다/연기하다	cancel/postpone	(말을)이해하다/(문제를)이해하다	understand/comprehend
결심하다/결정하다	decide/determine	두다/놓다	put/set

동사(5)

긴장을 풀다/쉬다(휴식을 취하다)	relax/rest	보인다(잘 보면)/보인다(그냥 보아도)	look/seem
반복하다/재연(재생)하다	repeat/replay	흡수하다/빨다	absorb/suck
장식하다/치장하다	decorate/adorn	(전문적)수리하다/(단순한)수리하다	repair/fix
머리감다/염색하다	shampoo/dye	즐기다/좋아하다	enjoy/like
제거하다/대치하다	remove/replace	잡아늘이다/펴다	stretch/spread
먹이다/기르다	feed/nourish	문지르다(비비다)/(광나게)닦다	rub/polish
닫다(부드러운표현)/닫다(강한표현)	close/shut	구부리다/구부러절하다	bend/bow
(자물쇠를)잠그다/(안전벨트를)매다	lock/fasten	실수하다/놓치다	mistake/miss
성공하다/실패하다	succeed/fail	포함하다/제외하다	include/exclude
작동하다/작업하다	operate/work	(땅을)파다/(땅에)묻다	dig/bury
피하다/막다(방지하다)	avoid/prevent	빌리다/빌려주다	borrow/lend
부인하다/인정하다	deny/admit	말하다(누구에게)/말하다(무언가를)	tell/say
말하다(연설)/말하다(이야기)	speak/talk	(장기간)공급하다/(미리)공급하다	supply/provide
타다(태우다)/타오르다	burn/frame	불평하다/진가를 알아보다(감사하다)	complain/appreciate
붙잡다/움켜잡다	hold/grasp	잡다/체포하다	catch/arrest
발표하다/연설하다	announce/address	축복하다/축하하다	bless/celebrate
소리치다/속삭이다	shout/whisper	누르다/저항하다	press/resist
해고하다/그만두다	fire/quit	얼다(얼리다)/녹다(녹이다)	freeze/melt

동사(6)

뜻	영어	뜻	영어
(질문에)대답하다/(비판에)응답하다	answer/reply	이기다/지다	win/lose
얻다/잃다	gain/lose	추수하다/수확을 거두다	harvest/reap
지원하다/자원하다	apply/volunteer	방해하다/가로막다	disturb/interrupt
차단하다/멈추다(세우다)	block/stop	기다리다/남아있다(잔류하다)	wait/remain
직면하다/간과하다	face/overlook	믿다/신뢰하다	believe/trust
경고하다/위협하다	warn/threaten	제안하다/추천하다	suggest/recommend
고정시키다/첨부시키다	fix/attach	경호하다/안전하게 지키다	guard/secure
임명하다/배정하다	appoint/assign	대표하다/대신하다	represent/replace
완수하다/완료하다	accomplish/complete	파괴하다/패배시키다	destroy/defeat
털다/씻다	brush/wash	배열하다/조직하다	arrange/organize
(마지못해)인정하다/자백하다	admit/confess	돕다/협력하다	help/cooperate
함께 쓰다/나누어주다	share/distribute	오염시키다/못쓰게 하다	pollute/spoil
설득하다/확신시키다	persuade/assure	결론짓다/끝내다	conclude/finish
다르다/다양하다	differ/vary	어울리다/조화를 이루다	match/harmonize
필적하다(경기에서)/(경쟁상대로서)	match/rival	정복하다/패배시키다	conquer/defeat
수정하다/조정하다	modify/adjust	잡담하다/험담하다	chat/gossip
진술하다/단언하다	state/assert	측정하다/평가하다	measure/evaluate
싫어하다/언짢아하다	dislike/mind	언급하다/참조하다	mention/refer

동사(7)

자우다/삭제하다	erase/delete	집중하다/초점을 맞추다	concentrate/focus
결합하다/연결하다	combine/connect	주목하다/고지하다	notice/notify
감지하다/추측하다	sense/guess	계속하다/계속해서 있게하다	continue/keep
살다/떠나다	live/leave	(총, 주사) 쏘다, 놓다/발사하다	shoot/fire
죽이다/살인하다	kill/murder	구하다(죽음에서)/구조하다(위험에서)	save/rescue
저축하다/축적하다	save/accumulate	회복하다/소생하다	recover/revive
검사하다/조사하다	examine/investigate	벌주다/벌금을 부과하다	punish/fine
바꾸다/교환하다	change/exchange	참석하다/도망가다	attend/escape
인사하다/환영하다	greet/welcome	예견하다/예보하다	foresee/forecast
감동시키다/움직이다	impress/move	당황스럽게 하다/만족시키다	embarrass/satisfy
표현하다/(행동으로)보여주다	express/demonstrate	감소시키다/촉진시키다	reduce/promote
설립하다/제정하다	establish/institute	고르다/모으다	pick/collect
(직접)영향을 주다/(간접)영향을 주다	affect/influence	축하하다/칭찬하다	congratulate/praise
귀찮게하다/짜증나게하다	bother/annoy	실망시키다/실패하다	disappoint/fail
막다/피하다	prevent/avoid	받아들이다/얻다	accept/get
장비를 갖추다/비치하다	equip/furnish	따르다/배반하다	follow/betray
방어하다/보호하다	defend/protect	모방하다/복사하다	imitate/copy
진행하다/번영하다	progress/prosper	신호 보내다/손짓하다	signal/gesture